DOMAINE DU POSSIBLE

La crise profonde que connaissent nos sociétés est patente. Dérèglement écologique, exclusion sociale, exploitation sans limites des ressources naturelles, recherche acharnée et déshumanisante du profit, creusement des inégalités sont au cœur des problématiques contemporaines.

Or, partout dans le monde, des hommes et des femmes s'organisent autour d'initiatives originales et innovantes, en vue d'apporter des perspectives nouvelles pour l'avenir. Des solutions existent, des propositions inédites voient le jour aux quatre coins de la planète, souvent à une petite échelle, mais toujours dans le but d'initier un véritable mouvement de transformation des sociétés.

LA FERME DU RAIL

Ouvrage écrit en collaboration avec Clotilde Meyer.

Collection créée par Cyril Dion en 2011.

ISBN 978-2-330-16199-6
www.actes-sud.fr

CLARA ET PHILIPPE SIMAY

LA FERME DU RAIL

POUR UNE VILLE ÉCOLOGIQUE ET SOLIDAIRE

PRÉFACE DE BAPTISTE LANASPÈZE

ILLUSTRATIONS D'ANNA JAGGY

DOMAINE DU POSSIBLE
ACTES SUD

PRÉFACE

On assiste en ce moment à un événement important : la rencontre entre l'écologie et l'urbanisme. Ce qu'est devenue la ville étant l'une des causes du désastre écologique, la réinvention de nos façons d'habiter s'impose. Tout au long du XXe siècle, malgré d'intéressantes recherches en construction bioclimatique, les architectes et les écologues ont très peu partagé la culture, les enjeux et les savoirs de leurs disciplines, alors même qu'elles ont en commun la notion d'habitat – qui est tout aussi fondamentale en écologie qu'en architecture. L'écologie étant la science des relations des vivants avec la Terre, et la ville étant devenue le mode d'habitat caractéristique des sociétés humaines, l'écologie urbaine touche à un enjeu fondamental : comment organiser les habitats humains de façon à ce qu'ils s'insèrent dans les autres habitats terrestres ?

Depuis une décennie, on observe en France et ailleurs une prolifération d'initiatives et d'acteurs, qui sont en train d'inventer, de semer, de former un milieu, de gagner en visibilité, et de commencer à peser. Mais dans cette phase d'effervescence, où chacun possède sa définition propre de l'ensemble dont il participe, on se perd dans la variété des approches, des enjeux, et l'on peine parfois à voir émerger l'unité, la solidité de l'ensemble et la place de chacun à l'intérieur. Les acteurs de terrain sont soumis à l'apparition de nouveaux labels, de nouvelles lois, de nouveaux mots d'ordre – bas carbone, construction biosourcée, trames vertes et bleues, nature en ville, modes de transport doux… – sans toujours parvenir à relier tout cela et à prioriser les enjeux. Et du côté des théoriciens, c'est la foire d'empoigne : certains réécrivent l'histoire de l'architecture sous l'angle de la nature ; d'autres invitent à rompre avec le paradigme moderne de l'urbanisme ; d'autres invoquent un nouveau Bauhaus écologique ; d'autres encore invitent à en finir définitivement et de toute urgence avec l'urbain ; certains étudient la ville comme un flux de matières, d'autres comme un système énergétique ; certains ont trouvé les 13 solutions, et d'autres les 26 remèdes ; beaucoup promettent de concilier modernité et écologie dans un projet démiurgique de *green* high tech… Chacun a souvent la conviction d'avoir trouvé la voie unique, sans prendre véritablement connaissance des travaux des consœurs et des confrères. Peu d'urbanistes sont compétents en écologie, mais les écologues – bien que désormais présents aux tables des négociations – sont rarement cultivés en urbanisme ; ce hiatus disciplinaire étant l'une des nombreuses schizes du partage moderne. Dans ce contexte, nous avons un besoin vital de cartographie pour nous repérer et avancer.

Écrit avec des mots simples, ce livre, qui raconte l'histoire d'un projet, nous offre justement une boussole pour mieux nous repérer dans cette grande aventure contemporaine qu'est la réinvention écologique de l'architecture.

Il est question dans ce livre d'un projet mis en œuvre par des gens qui se sont donné une contrainte à la fois folle et infiniment raisonnable ; une contrainte qui ne procédait d'aucune commande, mais d'une exigence intérieure : concevoir et réaliser ce projet selon des principes qui pourraient devenir la règle de toute architecture future.

La première conséquence de cette ambition, c'est qu'elle oblige à la plus grande humilité. L'humilité, non pas dans le sens des dictionnaires modernes de "sous-estimation de ses compétences", mais dans le sens antique de qui agit en ayant une connaissance fine et paisible des limites de son action et de ses puissances – et une connaissance fine et paisible des puissances de la Terre. L'humilité comme l'humus, et comme ce que devrait être l'humain ; l'humilité comme la vertu inverse des rêves de grandeur et de conquête valorisés par les cultures impériales dont nous sommes issus, nous autres Européens de l'Ouest, et dont nous sommes malades. L'humilité des porteurs de la Ferme du Rail est une discipline de pensée et d'action – une discipline matérielle et morale.

C'est la raison pour laquelle le projet de la Ferme du Rail, même s'il constitue une fin en soi, devient aussi une méthode, une enquête : il exige de cesser de travailler en "mode automatique par défaut", de cesser de se reposer sur des modes opératoires, des partenaires, des matériaux, des pratiques établies. Tout se met à poser question et à faire sens – à commencer par l'analyse du lieu dans sa relation au quartier, à la ville, au canal, à l'arrière-pays agricole, et à toutes les zones productives invisibilisées qui rendent possibles ces catalogues sur lesquels nous nous fournissons en matériaux sans nous soucier de leurs conditions de production.

La conviction fondamentale qui préside à ce projet, et qui fait sa singularité, est de "ne pas dissocier lutte sociale et lutte pour le vivant, car il n'y a pas d'un côté une écologie sociale ou politique et, de l'autre, une éthique de la Terre – la question de l'habitat, des ressources, du travail engagent dans un même geste la relation aux humains et aux non-humains*".

Dans le monde du surdéveloppement qui est le nôtre, et qui cause le désastre écologique, chacun des gestes que nous faisons entretient le désastre, à commencer par nos achats. Débuter un projet, une journée en s'imposant de penser ses actions et d'agir ses pensées est une discipline quasi monastique. Ça dégage le superflu, ça épure, et ça rapproche du divin – celui des petites choses. Cette discipline oblige à articuler les échelles (depuis les lieux qu'on peut toucher jusqu'à l'arrière-pays où nous nous fournirons en matériaux) ; mais aussi à articuler les différents versants de nos vies – le professionnel et l'habitant, le constructeur et l'être humain, l'intime et le politique, le social et l'écologique.

Évidemment, on demandera ce qu'un projet sur une parcelle de 1 300 m^2, aussi humble, aussi juste, aussi bien conduit soit-il, peut changer au désastre, au sein d'un monde qui marche sur la tête. Qu'est-ce qu'une petite ferme urbaine peut changer aux déséquilibres entre Paris et son immense aire métropolitaine ? Entre les plus riches et les plus démunis ? Aux injustices globales entre Nord et Sud ? À l'extinction de la vie qui fait rage ? Rien et tout.

* Philippe et Clara Simay, communication personnelle.

L'histoire de la Ferme du Rail, pour véridique et détaillée qu'elle soit, peut aussi être lue comme une parabole ; on plisse les yeux, on cherche son sens. S'agit-il de l'histoire de la ville de demain qui pointe son nez, sur une parcelle jardinée, au sein de la ville d'hier ? Ou d'une utopie localisée, qui ne sera jamais qu'un supplément d'âme de la ville financiarisée ? Avons-nous là une image de la puissance de David contre Goliath ? Ou au contraire celle de notre impuissance collective face à la puissance de récupération du système établi ?

L'avenir le dira. Depuis l'emplacement qui est le mien, je peux cependant témoigner que ce livre converge de façon spectaculaire avec tous les principes que j'ai pu formuler en tâtonnant depuis dix ans sur l'écologie urbaine et sur la prospective écologique, avec mes différents partenaires.

D'abord pour ce qui concerne le diagnostic initial de notre situation présente. Le désastre écologique, loin de se réduire au changement climatique (comme le veut la doxa institutionnelle du monde développé), consiste en une destruction de la vie sur Terre – qui inclut la dégradation des sociétés humaines, de la santé mentale et physique, de nos liens les uns aux autres, de l'expérience de vivre. Et cette mort est d'abord administrée par nos modes d'habitat, qui fragmentent les territoires et empoisonnent la terre – voici le premier point de toute architecture écologique qui voudra se présenter comme telle. Cela signifie que la réponse ne saurait être celle du "développement durable" ou de l'"industrie décarbonée".

Ce à quoi nous faisons face, c'est donc la double obligation de la *relocalisation* et la *descente énergétique* (la division par 4 ou 5 de notre consommation d'énergie en tant que société). Ces deux impératifs sont en réalité révolutionnaires, dans le sens où ils nous obligent à sortir de la société industrielle et à mettre en œuvre les idées défendues depuis longtemps par le mouvement biorégionaliste, apparu en Californie dans les années 1970 : une façon de faire société qui, contrairement au "développement", favorise (au lieu de détruire) la vie sur Terre.

Je ne connaissais pas le travail de Clara et Philippe Simay avant de découvrir ce livre. Je travaillais pourtant au même moment à un projet d'éducation des acteurs de la ville à l'urbanité écologique de demain, "Villes terrestres*", que nous avions initié avec l'Agence des sentiers métropolitains et la Cité de l'agriculture à Marseille, la métropole de Barcelone, le centre urbAgora d'éducation à la ville et le marché paysan de Bologne. Dans ce projet, qui cherche à poser les fondamentaux d'un urbanisme écologique, pour aider les acteurs à défendre une écologie réelle en s'extirpant du *green washing*, nous définissons cinq critères de la "ville terrestre" de demain. En plaçant comme poutre maîtresse la descente énergétique et la revitalisation du tissu social, nous avons, à l'issue d'un an de réunions transnationales, défini les "villes terrestres" comme étant des villes 1) *poreuses* (laissant circuler les eaux et le vivant), 2) *cultivées* (jardinées et visant à l'autonomie alimentaire en lien avec un arrière-pays cultivé en agroécologie), 3) *réhabilitées* (préférant à la construction la réhabilitation en matériaux biosourcés et des modes d'habitat collectifs et transgénérationnels), 4) *productives* (intégrant pleinement en leur sein le travail et la production de biens et de services), 5) *soignantes* (favorisant la vitalité de la trame sociale à travers une société du soin). On retrouve précisément dans ce récit de la Ferme du Rail, et à un degré élevé de détail et d'exigence, ces critères que nous avions formulés ; ainsi que plusieurs sources bibliographiques qui étaient pour nous fondamentales – dont Kirkpatrick Sale, Murray Bookchin, John Baird Callicott, Sabine Barles, Sébastien Marot...

Cette convergence ne saurait être attribuée à la rencontre fortuite de tempéraments intellectuels similaires ; car ni Clara Simay, ni Philippe Simay, ni moi, ni les porteurs de la Ferme du Rail, ni les cinq structures partenaires du projet Villes terrestres n'avons tiré ces réflexions de notre subjectivité ou d'un cabinet de lecture : dans

* Un projet initié dans le prolongement des réflexions menées en 2020 dans la préface "Villes terrestres" à la réédition de *Ville sauvage. Essai d'écologie urbaine*, dans cette même collection "Domaine du possible".

les deux cas, c'est au contact des territoires, des contextes politiques, de l'effervescence bibliographique actuelle, que nous avons patiemment, et progressivement, tissé ces idées empiriques.

"Réemployer les matériaux et travailler avec des personnes en insertion relève pour nous de la même logique. Ne plus jeter et ne plus exclure. Nous ne voulons plus consommer, prendre davantage à la Terre, et utilisons désormais ce qui reste." C'est au contact du projet, du quartier, du canal, des déchets, des partenaires, des personnes en réinsertion, des matériaux, des châtaigniers, du chantier... que les idées fortes et simples de ce livre ont été élaborées et affinées par Clara et Philippe Simay. Cette convergence profonde est une source de joie, car elle laisse à espérer que ces "villes terrestres" correspondent à une réalité – au moins en tant que cap, vision, système de principes. On est peut-être à l'aube d'une rénovation écologique de l'architecture ; des villes terrestres vont peut-être émerger dans les ruines de la ville moderne.

Ce programme quelque peu vertigineux a un besoin vital de projets emblématiques, qui lui donnent leur poids de terre, de bois, de paille, de compost, de légumes, de sueur et de chair. Le temps est venu de mettre en œuvre la ville écologique. Le temps est venu d'initier des projets qui, sans demander d'autorisation à personne, se donnent l'ambition infiniment raisonnable de sortir d'un modèle – le "développement" – dont la faillite est avérée, mais qui continue de régir le cours du monde. Depuis les campagnes, depuis les villages, depuis les villes, le temps est venu de faire, de penser et de vivre autrement.

Et cette myriade de projets, qui se heurtent à la fragilité des lieux, des acteurs, des récupérations, a sans doute besoin de se mettre en réseau, de partager et discuter les principes d'une vision, pour pouvoir peser avec plus de force et de clarté dans les imaginaires et dans les représentations collectives, afin de susciter un désir pour cette autre façon de faire ville, et de révéler en creux la laideur et la bêtise de la ville moderne où nos vies sont encore largement prises – la ville des abattoirs cachés et des monocultures lointaines, du blé venant de l'autre bout du monde en camion, des marchés d'intérêt national, des sols enrobés et des voitures qui menacent tous les jours la vie de nos enfants, du travail aliénant invisibilisé dans les faubourgs et les pays du Sud, de la solitude, des caméras de surveillance et des anxiolytiques –, une ville dont la principale raison d'être (sous prétexte d'intégration et de développement) est de renforcer toujours davantage la richesse de la minorité la plus riche. Écologiquement, nos vies urbaines actuelles relèvent du parasitisme : "Nos métropoles reçoivent des ressources de l'extérieur de leur territoire et même du monde entier – en eau potable, en énergie, en matière organique, en pondéreux et matériaux de construction – pour ne produire, à l'autre bout de la chaîne, que du déchet."

Alors, la Ferme du Rail restera-t-elle un symbole des espoirs d'une petite communauté d'utopistes en ce début du XXIe siècle – ou une pièce exemplaire de la révolution en cours de nos façons d'habiter ? Cela ne dépend plus seulement des efforts de quelques individus et de quelques collectifs. Mais d'ores et déjà, nous pouvons semer et soigner ; nous pouvons œuvrer à mettre en cohérence nos actes et nos pensées, nos émotions et nos habitats. Et rien qu'avec ça, nos vies sont déjà en train de faire une autre musique, et nous ne nous imaginons pas revenir en arrière. Ensemble, nous avons donc gagné un peu de terrain.

BAPTISTE LANASPÈZE

AVANT-PROPOS

Paris, 19e arrondissement, quartier Ourcq. Vous descendez au métro Ourcq, sur la ligne 5. Vous remontez l'avenue Jean-Jaurès sur quelques dizaines de mètres avant de tourner à droite sous l'ancienne voie ferrée de la Petite ceinture. Vous en longez les voûtes saturées de graffs et street art : du rouge, du bleu, du violet sur un fond jaune d'or. Un joueur de base-ball, un visage de femme, un caméléon bariolé étirant son immense langue, une fillette à couronne de feuilles, le poing serré, entourée d'un panda et d'un colibri – symbole d'une détermination écologique ? Les motifs en volutes de l'artiste local DaCruz achèvent de peindre l'atmosphère de ce coin de rue. Face à la cité Léon-Giraud, vous voilà arrivés au 2 rue de l'Ourcq. Bienvenue à la Ferme du Rail !

Bien que discrète derrière son portail en métal et en bois, elle est ouverte à tous et vous invite à entrer. Passé un petit tunnel sous la voie de chemin de fer, on croit oublier Paris en découvrant un grand jardin potager, insoupçonnable depuis la rue. Voyez ces gens, qui vont et viennent : ce sont les étudiants et les travailleurs en insertion qui vivent là, dans un bâtiment en bois, comptant une vingtaine de logements. Un sentier vous conduit, le long d'un verger, à la cantine-restaurant *Le Passage à niveau*, également accessible depuis la promenade de la Petite ceinture. Ce second bâtiment est consacré aux activités du lieu : il abrite au rez-de-chaussée un hangar et, au-dessus de la cantine-restaurant, une grande serre. Le moindre espace de cette parcelle qui ne fait guère plus de 1 300 m² est végétalisé : du grand potager central cultivé en permaculture jusqu'aux façades et aux toitures, en passant par les coursives ou encore les talus recouverts d'herbes aromatiques, de framboisiers, d'arbustes fruitiers, voire, selon la saison, de courges diverses. Un grand bassin de récupération et de filtration d'eau assure l'irrigation. Un second bassin dédié à la pisciculture permettra à terme d'alimenter un système d'aquaponie.

Les bâtiments de la Ferme et la Petite ceinture

Inauguré fin 2019, ce lieu est atypique à plus d'un titre : c'est à la fois un espace de production agricole, d'hébergement, de restauration, de formation et de rencontre. Des publics d'étudiants, d'habitants du quartier et de personnes en insertion s'y croisent pour partager leurs expériences. Cette mixité sociale et cette dimension hybride – permaculture *et* insertion – expliquent sans doute la reconnaissance dont bénéficie ce projet. Pourtant, tout cela a commencé comme une aventure de quartier…

Une aventure qui constitue précisément l'objet de ce livre. Près de deux ans après l'ouverture de la Ferme du Rail, il nous tient à cœur de partager notre expérience de ce projet dans lequel nous avons tous deux été impliqués. La Ferme du Rail est le fruit de nombreux acteurs, solidaires et engagés, qui apparaîtront au fil de ces pages. Afin de rendre compte du collectif et de ses partenaires sans lester le récit, nous décrirons en détail en fin d'ouvrage le rôle joué par chacun, de même que les structures auxquelles ils appartiennent. Pour autant, le récit et les analyses qui suivent n'engagent que nous. Et c'est d'une même voix que nous avons choisi de parler, ne mentionnant nos prénoms que pour préciser le rôle de chacun. Clara, aux côtés de Julia Turpin, architecte, et Mélanie Drevet, paysagiste, a fédéré les acteurs du projet et inventé avec le collectif les usages du lieu. Elles en ont conçu les bâtiments et les jardins ; Philippe, philosophe de la ville et de l'architecture, a contribué à l'élaboration du programme et éclaire ici les enjeux théoriques de la démarche.

Compte tenu des moyens mis en œuvre et de l'implication militante de nombreux acteurs dans le projet, nous nous sentons un devoir de restitution. Il s'agit donc d'abord, dans ce livre, de partager l'énergie positive d'une entreprise collective. Comment un petit groupe d'habitants en vient à développer un projet de cette envergure ? Quelles valeurs communes ont permis de faire émerger un modèle d'agriculture en ville à forte dimension sociale ? Quels choix architecturaux ont été faits pour rester cohérents avec ces valeurs ? Quels ont été les obstacles ? Le modèle est-il reproductible ? Autant de questions qui nous sont fréquemment posées par les visiteurs de la Ferme et plus largement les publics à qui il nous arrive de la présenter.

Au-delà, raconter ce lieu, sa spécificité dans le paysage de l'agriculture urbaine et de l'insertion sociale, fournit l'occasion de s'interroger sur les rapports ville/campagne, sur l'architecture écologique, sur notre lien au vivant ou notre rapport aux déchets... afin de promouvoir de nouveaux paradigmes. Le soin de la nature et des humains doit désormais être au cœur de nos projets de construction, de nos façons d'habiter, de travailler, de partager une terre commune : telle est notre conviction.

Enfin, en transmettant cette expérience, nous avons l'espoir que d'autres s'en saisissent sur leur propre territoire : non pas en reproduisant le modèle littéralement, mais en s'inspirant de la démarche, du type de gouvernance, du recours privilégié aux ressources locales

– humaines et matérielles. Que tout cela apparaisse comme possible, à portée de main. Nous avons l'espoir que ces lieux créateurs d'emploi et de solidarité, respectueux du vivant, tels qu'ils émergent discrètement ici et là prennent toute leur place et soient valorisés dans les métropoles : non plus tels des projets innovants exceptionnels ou relégués dans les espaces urbains périphériques, mais ancrés au cœur des villes dont ils deviendraient la trame structurante.

1

TRAVAILLER AU PLUS PROCHE

La première étincelle a été donnée par l'appel à projets urbains innovants "Réinventer Paris", lancé en novembre 2014. Pour cette première édition qui devait faire bien des petits par la suite, vingt-trois sites parisiens appartenant à la Ville de Paris avaient été identifiés. Promoteurs, investisseurs et concepteurs du monde entier étaient invités à proposer les meilleures façons de les valoriser. L'idée lancée par l'équipe d'Anne Hidalgo visait de façon ingénieuse à inciter la maîtrise d'ouvrage privée à plus d'inventivité et "d'innovation" pour transformer la ville et l'adapter aux défis du XXIe siècle. Comme de nombreux participants, nous y avons tout de suite vu une rare opportunité pour sortir du cadre de la commande architecturale classique et construire autrement. En effet, malgré une médiatisation de la créativité architecturale et la signature de certaines personnalités, la réalité quotidienne du métier d'architecte aujourd'hui se caractérise plutôt par la contrainte : le client, qui tient les cordons de la bourse, impose ses impératifs financiers et programmatiques à l'architecte à qui il passe commande. Celui-ci participe donc rarement aux phases de préfiguration du projet, et il est encore plus rare qu'il entre en contact avec les personnes qui investiront le lieu qu'il fabrique. Trop souvent, l'exercice se réduit à articuler des objectifs de coût et de surface à des ambitions esthétiques hors-sol en vue de "livrer" un produit fini. Tout cela a incroyablement appauvri et dévoyé ce qui fait la valeur de l'architecture, et de la profession d'architecte.

À l'inverse, "Réinventer Paris" attendait d'équipes pluridisciplinaires une proposition globale : à elles de définir le programme, de monter un groupement et de s'assurer du financement. Si, pour certains sites proposés, un très vague fléchage d'une ou deux lignes était indiqué, tout restait à imaginer. Cette liberté, en soi extrêmement stimulante, était aussi une formidable occasion de faire la démonstration qu'une autre façon de travailler est possible.

La parcelle Ourcq-Jaurès

Hasard ou prédestination, l'une des vingt-trois parcelles proposées – dite "Ourcq-Jaurès" – se trouvait dans notre quartier. Accroché à l'ancienne voie ferrée de la Petite ceinture au niveau de la rue de l'Ourcq, ce terrain d'environ 1 300 m² était longtemps resté en friche. Appartenant à la SNCF, le tronçon auquel était accolée la parcelle était interdit d'accès depuis la fin de l'exploitation ferroviaire. Bien qu'à première vue peu avantageux – pollué aux hydrocarbures par une ancienne occupation de garage et peu facile d'accès –, le site nous est tout de suite apparu comme le choix évident. Officiellement interdit, l'accès à la Petite ceinture était en réalité toléré. Enjamber les clôtures, marcher dans ce lieu où règne encore une végétation sauvage, a toujours représenté une véritable échappée pour nous et nos enfants. Cette parcelle, c'était chez nous : nous habitons et travaillons tous les deux dans le 19ᵉ arrondissement. Pourquoi chercher plus loin ? Il ne s'agissait pas tant d'occuper le terrain pour défendre un pré carré, empêcher d'autres projets de s'y monter que de répondre à un enjeu citoyen : nous réapproprier cet espace-là *via* un projet constructif qui ne soit pas une commande, et qui s'adresse aux habitants.

L'ancrage dans ce quartier dit "de l'Ourcq" a donc très tôt été un élément clé de notre démarche. Habitants de longue date, loin d'être parachutés sur le site, nous connaissons son histoire et y sommes attachés. Ce territoire du Nord-Est parisien, déployé autour du Bassin de la Villette et d'une portion du canal de l'Ourcq, articulant les canaux Saint-Martin et Saint-Denis, n'a été intégré à la ville qu'au milieu du XIXᵉ siècle. Longtemps, il a été un quartier populaire. Pour n'évoquer que la période moderne, c'est le réaménagement profond de cette portion de canal et du quartier qui le borde lors de la seconde moitié du XIXᵉ qui l'élève au rang difficilement imaginable aujourd'hui de quatrième port de fret fluvial français, gigantesque pourvoyeur de marchandises de la capitale[I]. Furent également réunis à la Villette les marchés aux bestiaux et

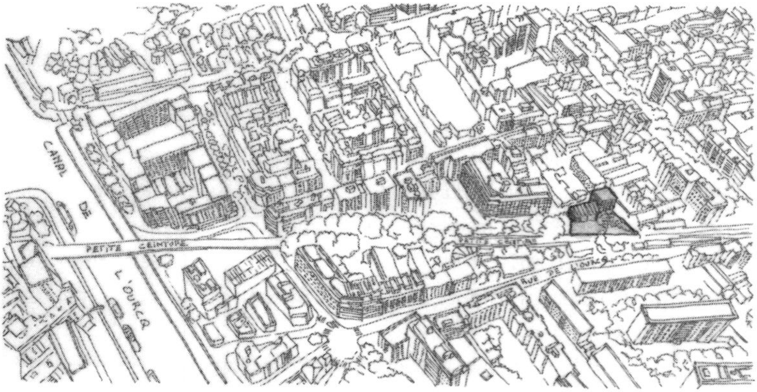

Une ferme dans la ville

les abattoirs de la Ville de Paris – formant à l'entrée de Paris un immense complexe que certains appelleront "la cité du sang". Le quartier connaît dès lors un vif essor industriel transformant en profondeur sa morphologie urbaine et sociale. Ateliers, fabriques, petites usines, entrepôts traitent jusqu'à 3 millions de tonnes de matière par an au tournant du siècle (combustibles, matériaux de construction, comestibles) et s'y installe une importante population ouvrière. À la faveur d'un foncier bon marché, cet ancien faubourg accueille des familles modestes et par la suite de nombreuses familles immigrées. Populations renouvelées au fil des décennies et qui trouveront place dans l'habitat social construit au cours du xxe siècle dans l'arrondissement et dont il reste le plus largement doté (il compte en 2019 plus de 40 % du total des résidences principales[2]). Sa population connaît encore aujourd'hui un fort taux de chômage et un nombre important de familles monoparentales. Un maillage dense de logements sociaux et une marginalité historique de ce territoire aux liens ambigus avec la capitale – où ont été relégués abattoirs, entrepôts, travailleurs pauvres œuvrant pourtant pour la ville – en font pourtant un foyer de résistance à une

La Ferme avant la Ferme au jardin partagé rue de Thionville

gentrification à l'œuvre depuis le déclin des activités portuaires et industrielles des abords du canal, remplacées progressivement par des usages de loisirs. Symbole de la vigueur d'une mobilisation populaire, un tissu associatif très dense continue de se développer et réunit les habitants autour d'activités culturelles et solidaires.

C'est tout naturellement dans ce vivier d'habitants et acteurs du quartier que nous puisons pour constituer une première équipe autour du projet. Ce noyau dur initial incluait notamment, outre Clara et son associée Julia Turpin (architectes), Philippe (philosophe), Mélanie Drevet (paysagiste) : nous sommes tous des amis de longue date, nos enfants ont fréquenté les mêmes crèches, nous sommes membres de la même Amap, "Les mauvaises herbes". Surtout, nous vivons et travaillons tous dans le quartier : Philippe enseigne à l'école d'architecture de Paris-Belleville située boulevard de la Villette, Clara et Julia, dont l'atelier est sur le quai du Bassin de la Villette, ont déjà livré dans ce même périmètre plusieurs projets mêlant engagement local, dialogue constant avec les habitants et forte dimension sociale. Qu'il s'agisse de la construction de crèches parentales, de la restauration du café des enfants, le Cafézoïde[3], ou encore de la création d'une bagagerie pour personnes à la rue (bagagerie du Canal), l'agence qui ne s'appelle pas encore "Grand Huit" inscrit résolument son action dans le champ de l'économie sociale et solidaire (ESS[4]) – élément non négligeable du terreau dans lequel germera le projet de la Ferme.

Si, en effet, notre collectif ne compte pas de figure médiatique, de star de la construction, nous avons en revanche l'expérience de ce "tiers-secteur", attaché à concilier activité économique et utilité sociale. Nous sommes convaincus des vertus de ces formes d'auto-organisation citoyennes, seules à même de mener à bien le changement et de mettre en œuvre de nouvelles formes de partage et de solidarité. Nous avons notamment eu l'occasion d'observer, au gré de divers projets, la *puissance de transformation* sur la ville des initiatives issues de l'ESS : si elles n'excluent pas un partenariat avec les pouvoirs publics, elles apportent une vision innovante et une souplesse absente des instances administratives. Par ailleurs, leur *pouvoir de diagnostic sur les besoins locaux* est sans équivalent dans l'action sociale publique. Par exemple, c'est entre autres l'association de quartier Espace 19 qui, pendant la crise sanitaire, a tiré la sonnette d'alarme sur les besoins alimentaires de certaines familles, mises en difficulté suite à la fermeture des marchés. Cela a débouché, en lien avec la Mairie, sur la création de relais alimentaires favorisant l'approvisionnement de tous ainsi que, à plus long terme, sur le projet de création d'une coopérative alimentaire de quartier. Le projet de la Ferme s'est ainsi greffé sur tout un écosystème préexistant et de multiples expériences préalables de "faire-ensemble". En cela, sans doute, a consisté la véritable plus-value de notre candidature.

Si l'appel à projets orientait vers un programme d'agriculture urbaine, il nous importait d'en faire aussi un lieu de solidarité. Nous proposons donc à Yves Reynaud, camarade de notre Amap et directeur de l'entreprise d'insertion Travail et Vie, de réfléchir

Les équipes d'Atoll 75 et Travail et Vie

avec nous au devenir de la parcelle. Nous ne le savons pas encore à ce moment-là mais derrière lui se cachent plusieurs entités aux activités complémentaires : depuis plus de trente ans, Atoll 75 dont il est également directeur accompagne les personnes à la rue par l'hébergement. Au fil des besoins, d'autres structures ont été créées dans son sillage afin de mettre en cohérence cette aide, fondée sur une philosophie particulière : le rôle primordial de la remobilisation par l'activité et l'idée d'un accompagnement global de personnes en grande précarité. Il s'agit d'être présent sur différents plans pour éviter de morceler les problématiques liées respectivement au logement, au travail, au soutien dans les démarches et d'éviter les ruptures dans les parcours d'accompagnement. Apparaissent ainsi la foncière sociale Réhabail, qui se chargera de la gestion du foncier, Bail pour Tous de la gestion locative qui réalise au quotidien un accompagnement social dans le logement, et l'entreprise d'insertion Travail et Vie, à même de proposer une activité aux personnes précarisées. Ces quatre piliers – Atoll 75, Réhabail, Bail pour Tous, Travail et Vie –, qui sont des structures sœurs et complémentaires, permettent un accompagnement global et sur mesure des personnes. Travail et Vie appuie sa mission d'insertion sur des activités et chantiers d'insertion de blanchisserie, de curage de bâtiment et d'entretien d'espaces verts. Les bureaux d'Atoll 75, qui assurent maraudes et gestion de centres d'hébergement, se trouvent également à deux cents mètres de l'agence de Clara, Julia et Mélanie.

Deux sources d'inspiration

Attachement personnel, connaissance de l'histoire du site, dynamisme associatif, volonté de s'impliquer dans le quartier au service du bien commun : cet arrière-plan est essentiel pour comprendre la genèse de notre projet. Que l'on nous comprenne bien : cette volonté de travailler au plus près de chez soi n'est pas l'expression d'un localisme borné, d'un chauvinisme de quartier forcené, ni de ce que l'on pourrait prendre pour de la paresse. C'est une démarche d'abord intuitive puis pleinement consciente, qui s'est nourrie de deux pratiques pionnières.

La première est celle de Patrick Bouchain. Cet architecte atypique expérimente depuis les années 1980 d'autres façons de construire en valorisant la qualité d'usage. Pour lui, un projet constructif se doit d'être avant tout une action collective, qui inclut habitants et ouvriers aux côtés de concepteurs-fabricants. “La première chose à faire, dit-il, est de regarder qui, dans la proximité de ce qui va être construit, est capable de réaliser cet ouvrage : un habitant, un artisan, une entreprise qui pourrait être acteur, avec d'autres, de la transformation de son environnement. Ensuite, il faut repérer qui, aux alentours, se servira de cet ouvrage, s'en occupera, le revendiquera comme un équipement lui appartenant et où il invitera d'autres habitants plus éloignés ou différents de lui[5].”

Le message est clair : quand on veut transformer l'espace, il convient de mobiliser d'abord les ressources qui nous entourent, d'agréger des forces susceptibles de s'impliquer dans un projet qui les touche au plus près. C'est ce que nous avons fait pour la Ferme du Rail : qui était à même de s'engager dans un tel projet ? Des habitants du 19e, qui connaissent le quartier, qui ont un intérêt à le défendre. Travailler près de chez soi, avec des gens implantés localement, n'est pas anecdotique. Cela repose sur une cartographie des acteurs, des ressources, des compétences existant dans ce périmètre. Nous vivons dans des territoires présentant des richesses extraordinaires, or la plupart du temps nous les ignorons et allons chercher plus loin – parfois *très* loin – les compétences dont nous avons besoin. C'est absurde. Pour Patrick Bouchain, l'architecture ne consiste pas tant à construire qu'à créer des synergies entre des forces qui sont déjà là. La valeur ne se trouve pas dans le produit fini, mais dans le processus. Rompant avec le modèle productiviste d'une architecture d'objet, il plaide pour renouer avec la valeur sociale, politique de l'acte de construire. Ce processus, trop souvent négligé, il nous faut donc le réinvestir : travailler au plus près de chez soi est une façon d'œuvrer en ce sens.

La seconde influence que nous revendiquons est celle du Rural Studio[6]. Cet atelier de projets créé en 1992 par l'architecte Samuel Mockbee et situé à Newbern, dans le comté de Hale (Alabama, États-Unis), a pour particularité d'être associé à une école d'architecture. Les étudiants s'y forment en concevant et construisant des maisons pour les plus démunis, dans un périmètre proche de leur atelier. Ils constituent de petites équipes très soudées, s'installent pour plusieurs mois non loin du chantier, gèrent le projet du début à la fin en concertation avec les habitants et avec des budgets très réduits, qui les incitent à utiliser les moyens du bord, à faire preuve d'inventivité, à recourir à toutes les ressources locales disponibles (récupération, réemploi, etc.) sans pour autant céder la moindre concession aux impératifs esthétiques et qualitatifs garants de la dignité de l'habitat. Parmi leurs projets les plus emblématiques, on cite souvent la maison de Lucy, dont les murs sont composés de rebuts de moquettes compressées assurant une belle enveloppe isolante à l'habitation.

Pour Samuel Mockbee, l'architecte a un devoir d'assistance au même titre que le médecin : sa vocation première est de donner un toit à chacun, notamment aux plus démunis, en étant pleinement conscient de l'impact écologique des activités de construction. "Chacun, riche ou pauvre, mérite un toit pour abriter son âme ; les architectes doivent être les premiers acteurs du changement social et environnemental[7]." La logique du marché a découplé l'architecture de ce fondement déontologique. Rappeler le métier à sa vocation sociale est tout l'objet de la pédagogie du *design-build*, une méthode de conception-réalisation, pratiquée au Rural Studio : les étudiants vont littéralement radiographier le comté, enquêter auprès des populations, apprendre à les connaître pour identifier leurs besoins. Pour la plupart des étudiants, c'est la première fois de leur vie qu'ils vivent avec des pauvres : non pas à côté, en contiguïté – qu'elle soit indifférente ou empathique –, mais véritablement *avec* eux, en partageant leur quotidien. C'est de ce contact lent et respectueux avec les futurs usagers du bâtiment qu'émerge le projet proprement dit. Une fois la demande définie, il revient encore à l'équipe de trouver le financement et, avec des budgets très contraints, de dénicher les matériaux sur place, bien souvent dans une démarche de réemploi. Et finalement de construire avec les habitants pour en faire les gardiens d'un lieu.

Ce qui, en outre, nous a passionnés dans la démarche de l'atelier, c'est la façon dont elle combine, au sein d'une pratique architecturale nouvelle, les dimensions sociales et environnementales de l'écologie, qui sont trop souvent dissociées comme s'il s'agissait de domaines étanches. Au moment où une certaine forme d'écologisme se réduisait à la lutte contre le changement climatique, et où l'architecture écologique consistait uniquement à décarboner à grand renfort de solutions high tech (panneaux photovoltaïques, technologie embarquée...), Mockbee et ses disciples montraient que défense des écosystèmes et engagement social sont indissociables. Et pour tenir les deux ensembles, on ne peut se téléporter sur un territoire qu'on ne connaît pas : il faut y vivre, c'est-à-dire éprouver au quotidien l'épaisseur des interrelations aux autres, humains et non humains, qui constituent les milieux habités.

Tel est l'arrière-plan philosophique qui nous anime lorsque nous commençons à imaginer le programme de la Ferme du Rail au fil de nos rencontres, avec Yves, Julia et Mélanie, au P'tit bol d'herbe, un jardin partagé, voisin de la parcelle du projet, où se font les distributions de légumes de notre Amap. Pourquoi ne pas définir un programme en partant de ce que l'on sait faire et ce en quoi l'on croit : des bâtiments écoconçus et durables ; une mission de solidarité, d'insertion, de création d'emplois. À propos de "notre" parcelle, l'appel à projets de la Mairie de Paris soulignait la place de la Petite ceinture dans la trame verte de l'agglomération : "La Petite ceinture offre un espace de respiration sur certaines sections et assure ainsi une fonction écologique qui pourra être confortée." Autrement dit : les candidats étaient orientés vers un projet en lien avec la défense de la biodiversité et le développement de l'agriculture urbaine. Si l'activité agricole au sens large (production maraîchère, compostage) n'est pas notre champ d'action premier, nous sommes très vite convaincus qu'elle peut être un formidable outil au service de notre objectif social et de la promotion d'une économie circulaire. Les grandes lignes étaient posées.

Fidèles au fléchage "vert" suggéré par la Mairie de Paris et à nos propres aspirations, nous imaginons alors une véritable ferme en activité, qui soit aussi un lieu de référence sur l'agriculture et l'écologie urbaines ainsi qu'un centre d'hébergement et de réinsertion sociale (CHRS).

Les premières graines du projet

Au cœur des activités de la Ferme, Mélanie et Yves imaginent un service complet et local de valorisation des déchets organiques de la ville. La collecte sera assurée quotidiennement auprès des commerces et des restaurants du quartier par une flotte de vélos triporteurs. Afin de former les travailleurs pour en faire des maîtres composteurs, nous proposons à l'École du compost de rejoindre l'aventure. Complété par l'apport volontaire des habitants du quartier, ce compost permettra à la Ferme de générer son propre substrat de culture et ainsi de créer des sols fertiles non pollués sans importation de terre végétale.

Une production diversifiée, écologique et en partie hors-sol s'appuiera sur des méthodes innovantes et durables adaptées à l'implantation en centre-ville (agroécologie, permaculture) : polycultures maraîchères, production en aquaponie de tomates et d'aromatiques, production de plantes condimentaires en sacs de culture, production de baies destinées à être glanées par le public, productions fruitières grimpantes (vignes, fruits de la passion, kiwi), production en serre (semis, graines germées, cultures longues de tomates, aubergines, poivrons...). Un poulailler était aussi prévu à l'origine, qui n'a pas encore vu le jour. Enfin, l'entretien d'espaces verts, pratiqué de longue date par Travail et Vie, viendra compléter l'offre de services de la Ferme et alimenter l'activité de compostage du site. Nous souhaitons que ce dernier soit aussi un lieu de rencontre et d'information, animé par les résidents-fermiers qui accueilleraient les habitants, les écoles et associations du quartier : formation au compost, au jardinage ou maraîchage privatif, à la transformation des légumes. Autant d'initiatives visant à former les futurs acteurs de la transition écologique.

Les jardins partagés et notamment Jardizneuf (l'association des nombreux jardins partagés du 19e) jouent un rôle décisif dans l'ancrage local du projet au cours de cette phase de préfiguration. Dans le temps du concours nous participons d'ailleurs tous les quatre au dessin et à la mise en œuvre du nouveau jardin partagé associatif de la rue de Thionville comme galop d'essai de notre action collective.

Collecte dans le quartier à vélo cargo des déchets organiques

Dès l'élaboration du programme, nous souhaitons faire du restaurant un lieu de convivialité et de promotion d'une nourriture saine et accessible. Si le restaurateur pressenti durant cette phase – *Les Marmites Volantes*, bien connues dans le quartier – se retirera finalement du projet, la mission qui lui était d'ores et déjà assignée ne changera pas : assurer quotidiennement des repas complets et équilibrés aux fermiers, ouvrir aux riverains en journée et en soirée dans un îlot de verdure au bord de la Petite ceinture, s'impliquer dans les choix de culture et cuisiner en cohérence avec la production du site et du territoire francilien, sensibilisant ainsi résidents et visiteurs à une alimentation nourricière en circuits courts.

Sous l'impulsion d'Yves, la Ferme sera également un hébergement solidaire, accueillant à la fois des personnes en insertion (accompagnées par Atoll 75) et des étudiants de l'École du Breuil (École d'horticulture de la Ville de Paris) ou de l'EIVP (École des ingénieurs de la Ville de Paris) avec lesquels s'établissent des partenariats. Nous prévoyons vingt logements individuels prolongés par des espaces collectifs : loggias, salons communs, kitchenettes, buanderie. Cette mixité sera en elle-même un outil d'insertion supplémentaire.

Enfin la Ferme sera un espace de formation et d'insertion par la pratique : sous la houlette des éducateurs jardiniers, les personnes en insertion seront amenées à assurer un travail agricole comme cultiver, récolter, recueillir et valoriser les déchets organiques. La mutualisation des tâches quotidiennes et l'investissement commun dans des projets concrets permettront des échanges enrichissants entre les habitants de la Ferme. Les résidents en insertion seront formés à l'entretien d'espaces verts, un secteur en tension qui souffre d'un constant déficit de main-d'œuvre qualifiée. Quant aux étudiants, en échange d'un loyer modéré, ils s'engageront à participer aux travaux du potager ou à l'entretien des bâtiments – un complément concret à leur apprentissage.

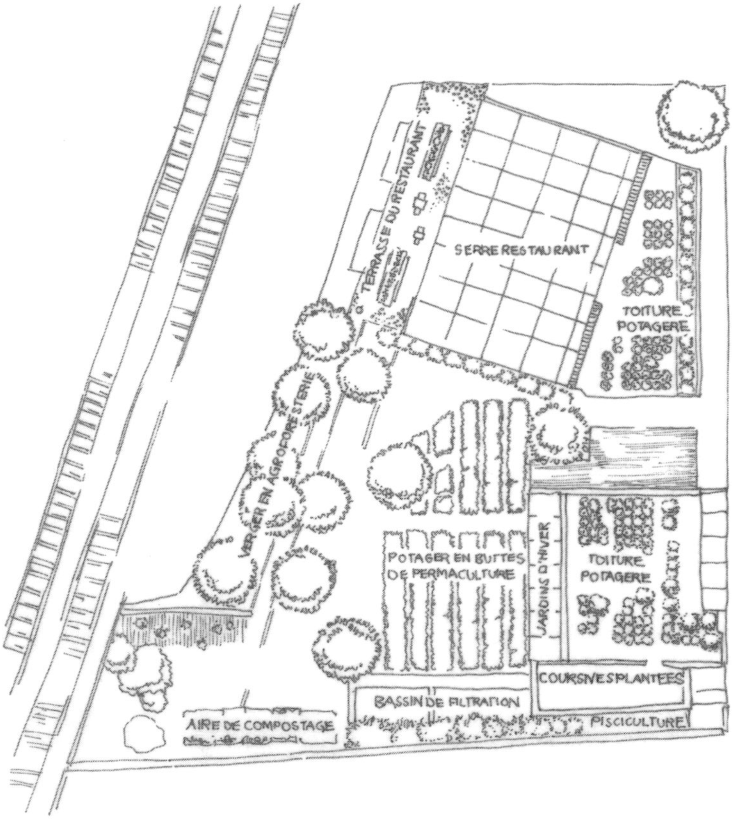

L'organisation des jardins et des surfaces de culture

Une équipe en devenir

Sur la base de ce programme, nous montons une équipe de conception plus large. Si chaque membre du groupe a déjà fait preuve de sa compétence dans son domaine, leur synergie va donner une force nouvelle au projet. Réhabail, déjà mentionné, assurera la maîtrise d'ouvrage. Bien que d'échelle modeste, la foncière possède le statut juridique qui lui permet de solliciter investisseurs et subventions. C'est Frédéric Lauprêtre, acteur pilier du projet à plus d'un titre, qui se chargera notamment du montage financier. Outre le noyau initial de maîtres d'œuvre, nous faisons appel à différents experts : André Pouget (consultant thermicien), par exemple, nous conseillera sur les choix bioclimatiques et la production d'énergie en biomasse, Frédéric Cousin (écoconcepteur) sur la juste mise en œuvre des matériaux bio et géosourcés, Philippe Peiger (agroécologue) sur la conception et la planification des cultures, la Scop Albert et Compagnie sur un pilotage sur mesure et innovant du chantier, Julien Virgili sur les prescriptions techniques et l'économie globale des constructions…

Nous vous épargnerons ici le récit des jours et des nuits passés à concevoir un programme cohérent pour la Ferme, à confronter nos conceptions de l'écologie, de la solidarité ou de la mission sociale de l'architecture. Et bien sûr à faire tourner les modèles d'investissement et d'exploitation. Il y eut beaucoup de débats, beaucoup de transpiration, d'exaltation et de stress. Nous avons rédigé de très nombreuses pages pour détailler au plus près la philosophie et la faisabilité de notre projet ; nous avons aussi échafaudé quelques plans farfelus, imaginant par exemple de venir pour l'oral à la mairie de Paris avec des poules ou déguisés en légumes. Finalement, après un an de course de fond, nous apprenons en octobre 2016 que nous sommes lauréats : la parcelle nous est attribuée !

Raconter les études et le chantier par le menu serait là encore fastidieux. Soulignons néanmoins quelques aspects qui en font une expérience hors norme, dans le sillage des influences décrites plus haut.

Dès avant le début du chantier, la collecte des déchets organiques et le travail des substrats sont initiés. Il s'agissait de gagner du temps afin que, une fois la ferme sortie de terre, les sols puissent être rapidement exploités, mais aussi, fidèle en cela à la philosophie de Travail et Vie, d'impliquer sans attendre les futurs résidents-fermiers par la mise en activité. Dès la phase d'étude et de construction, ces derniers commencent à se former aux techniques de collecte, de fabrication de compost, avec l'École du compost, et de maraîchage. Sont alors mis à contribution les jardins partagés de la rue de Meaux et du P'tit bol d'herbe, qui permettent de tester le dispositif et de préparer les futurs substrats de la ferme. À ce moment-là, seuls les déchets organiques des restaurants alentour sont collectés, l'apport volontaire n'est pas encore instauré. Sous l'impulsion de Philippe Peiger, un suivi scientifique est mis en place en lien avec l'université Pierre-et-Marie-Curie pour vérifier la qualité sanitaire et nourricière du compost produit.

Par ailleurs, le chantier a été un grand moment d'implication du quartier. C'est un engagement que nous avions pris dès la phase de conception et qui nous tenait à cœur – nous avons vu pourquoi. À de nombreuses reprises, nous avons ouvert les portes du chantier aux riverains, à qui nous avons présenté le projet autour d'une grande maquette ou en crapahutant dans les bâtiments qui sortaient de terre. Associer les habitants au projet très en amont a permis aux questions, aux craintes de s'exprimer et, en plaçant d'emblée la démarche dans un esprit de transparence et de partage, d'en favoriser l'accueil général. Nous avons aussi reçu nombre de professionnels dans nos champs respectifs : étudiants d'architecture, ingénieurs, architectes, fédérations, ordre des architectes, CAUE, ou encore journalistes – tous curieux de s'informer sur une démarche inhabituelle en gestation dans Paris. Bien que l'accès ardu au chantier ne nous ait pas simplifié la tâche, nous avons toujours maintenu un passage piéton sur la Petite ceinture. Malgré quelques sueurs froides – un canapé retrouvé sur le toit d'un bungalow de chantier, le risque d'incendie lorsque nous avons dû stocker la paille sur place –, maintenir le chantier ouvert sur le quartier a été source à la fois de plaisir et de fierté.

Accueil des habitants par Travail et Vie
pour une démonstration du processus de compostage

Enfin, la construction a été marquée par des moments de grande convivialité. Nous étions tous présents et impliqués dans le chantier. Notamment, les ouvriers issus de l'insertion et les artisans conventionnels ont partagé un quotidien – ce qui est rare tant règne dans la profession une appréhension entre ces deux catégories de travailleurs. Nous en avions fait, pour notre part, une dimension structurelle, en réservant un maximum de tâches à l'insertion, y compris sur des ouvrages qualifiants et valorisants. Les ouvriers de Travail et Vie ont non seulement assuré une forme de continuité, de permanence sur le chantier, mais ils ont aussi largement contribué au soin global apporté à ce dernier. Là encore, c'est assez atypique pour être souligné. Un chantier, en général, est un lieu et un temps de transition, de la saleté et de la laideur duquel on s'accommode. Là, malgré une déclivité du terrain qui rendait les cheminements rudes et fangeux, tous avaient pour mission de maintenir accueillants le chantier lui-même, sa clôture, les vestiaires, la cantine, les sanitaires, avec une attention peu ordinaire portée aux communs.

La Ferme du Rail est inaugurée le 17 décembre 2019 en présence de tout le collectif, des partenaires du quartier et de quelques élus, notamment François Dagnaud, maire du 19e, et son prédécesseur Roger Madec, conseiller chargé de l'urbanisme – soutiens fidèles du projet. C'est le premier projet "Réinventer Paris" à être livré, après quatre ans d'études et de travaux ininterrompus. En janvier 2020 s'y installent les premiers résidents. En juin 2020, le restaurant ouvre ses portes au public.

L'aventure de la Ferme du Rail n'est pas terminée. Elle se prolonge pour nous de différentes façons et d'abord en tant qu'habitants du quartier. Mais déjà, nous tirons quelques enseignements de notre démarche initiale.

Le bon fonctionnement de notre collectif s'explique par un phénomène d'*interdépendance volontaire*, assez typique des initiatives issues de l'ESS : les structures ont besoin les unes des autres et se nourrissent mutuellement. La réussite du projet ne tient pas au génie de ses concepteurs ni au recrutement d'experts extraordinaires, mais à la mise en commun des compétences de personnes engagées, présentes sur le terrain, connaissant les besoins locaux. Et à une juste répartition des rôles entre citoyens et acteurs publics. La Ville de Paris a initié le projet grâce à l'inscription de la parcelle au concours "Réinventer Paris", elle a permis l'accès au foncier (*via* cet outil précieux qu'est le bail à construction) et a levé moult freins administratifs. Le recours à la maîtrise d'ouvrage privée a permis en retour de contourner les lourdeurs bureaucratiques, la pesanteur des marchés publics, pour monter avec souplesse un projet multiacteur.

Pour promouvoir une approche écologique de l'architecture, il n'est plus suffisant de maîtriser des techniques de construction respectueuses de l'"environnement". Il faut aussi avoir une connaissance fine des territoires, de leurs besoins, de leurs ressources et de leurs habitants. Travailler au plus proche de chez soi, avec les acteurs associatifs du quartier, nous a permis d'entendre – nous l'espérons le mieux possible – la demande des habitants : celle de voir naître un lieu qui allie agriculture urbaine et solidarité, qui réponde à la fois au besoin de nature en ville et à l'obligation, comme le rappelait Samuel Mockbee, de "donner à tous un toit [...] pour vivre, manger, dormir dans la dignité". Sans cette énergie collective, portée par notre quartier, nous n'aurions pas pu défendre aussi clairement cette vision qui ne dissocie pas les enjeux environnementaux et sociaux de l'écologie.

2

S'OUVRIR AU QUARTIER (OU POURQUOI UNE FERME LOW TECH)

En proposant de construire une ferme urbaine sur la parcelle Ourcq-Jaurès, nous ne faisions pas œuvre de véritables pionniers. S'il n'existait pas encore de ferme à Paris, ce type de programme s'inscrivait néanmoins dans une réflexion plus générale sur les enjeux de l'agriculture urbaine qui s'est développée depuis les années 1990[1]. En effet, sachant qu'au rythme d'urbanisation actuel, une personne sur deux est un citadin et huit sur dix vivent dans une "aire urbaine[2]", la question agricole a pris récemment une urgence nouvelle dans l'esprit des architectes et des urbanistes : comment nourrir les habitants en réduisant la dépendance des villes à une économie délocalisée ? Comment tirer le meilleur parti des sols urbains, rares, pollués et chers ? Comment les activités agricoles peuvent-elles contribuer à la santé et au bien-être des citadins ? Autant de questions, d'objectifs, de modes de production, de lieux et de systèmes techniques qui animent les esprits. Au moment où nous établissons le programme de la Ferme du Rail pour "Réinventer Paris", l'expression "ferme urbaine" recouvre déjà des réalités fort différentes les unes des autres. Dans le monde entier, des projets expérimentaux d'agriculture urbaine fleurissent, sous des formes et avec des objectifs très variés.

High tech *vs* low tech

Début 2015, quand notre équipe commence à travailler sur la question, le paysage médiatique est dominé par des projets de fermes verticales, à forte capacité productive[3]. Attardons-nous un instant sur ce modèle, en prenant pour exemple le Japon, qui a investi massivement dans ce type de fermes high tech. Ce pays, en fort développement et très urbanisé, doit faire face aux difficultés structurelles de sa filière agricole vieillissante et peu attractive pour les jeunes, peu performante et incapable de combler le gros déficit commercial agroalimentaire du pays. S'y ajoute, suite à l'accident nucléaire de Fukushima en 2011 et à la contamination radioactive de certaines zones de production, une méfiance des Japonais envers les fruits et légumes de leurs campagnes. Depuis 2009, le gouvernement nippon soutient le développement de l'agriculture urbaine et la recherche de solutions innovantes permettant d'accroître la productivité des surfaces exploitées et de réduire la dépendance alimentaire du pays. Ainsi, s'il existe des exemples de cultures en toit-terrasse ou de maraîchage dynamique en zone urbaine et périurbaine, le Japon s'est orienté de façon plus spécifique et spectaculaire vers le développement de fermes verticales high tech. Ces tours, véritables "usines à légumes", recréent hors-sol un environnement favorable à la culture maraîchère, en maîtrisant de bout en bout les températures, la luminosité, les apports nutritifs, etc. Moyennant de très gros investissements, les fleurons industriels japonais ont investi le secteur primaire, dans une logique de diversification et de recherche de nouveaux marchés. Dès 2014, Toshiba inaugure ainsi une unité au nom évocateur de Clean Room Farm, un complexe de 2 000 m² de cultures hydroponiques, situé à Yokosuka, une ville côtière proche de Tokyo. En 2016, l'entreprise Fujitsu, l'un des leaders mondiaux dans la fabrication de matériel informatique, lance également sa ferme urbaine : l'Akisai Food and Agriculture Cloud utilise un système de semi-conducteurs pour éliminer insectes, bactéries et poussières ; un ensemble de LED permet, en jouant sur la nature de la lumière diffusée, de calibrer au plus près les produits et de faire varier la teneur en vitamine C des salades, le goût plus ou moins sucré des épinards, le taux de potassium des laitues... Sortant d'une phase expérimentale avec plus de 300 fermes high tech sur son territoire, le Japon s'impose comme un des grands leaders mondiaux de l'agriculture verticale dont il entend exporter le modèle sur d'autres continents[4].

À l'autre bout du spectre se tiennent les réponses qui ne misent pas sur les performances de l'objet architectural mais sur la main-d'œuvre humaine en promouvant les activités de maraîchage au

Une usine à salades high tech

sein de jardins urbains. Le modèle le plus célèbre en la matière est celui de Cuba. Afin de répondre à une grave crise économique et alimentaire liée à l'embargo américain, les Cubains se lancent dès les années 1990, sous l'impulsion des pouvoirs publics, dans la culture de fruits et légumes sans machines, ni engrais ni pesticides. Toutes les surfaces disponibles à La Havane sont mises à profit pour créer des potagers : les *organoponicos*, qui prennent différentes formes, allant du toit-terrasse au grand jardin coopératif en passant par la parcelle individuelle[5]. "À La Havane, tous les espaces disponibles, y compris les toitures et les balcons, sont affectés à la production de produits alimentaires", lit-on dans le Programme des Nations unies pour l'environnement de 2002. Le dispositif hors-sol de base – des murets remplis de matière organique – est parfois décliné avec les moyens du bord, telles ces gouttières en PVC découpées et irriguées pour accueillir des cultures en hydroponie. Aujourd'hui, les villes cubaines comptent près de 400 000 exploitations agricoles (fermes urbaines, potagers et jardins intensifs confondus), produisant près de 2 millions de tonnes de fruits, légumes et aromatiques par an. La Havane a été en mesure de produire entre 45 et 100 % de ses légumes frais, et jusqu'à 20 % du total national des produits frais. Visant essentiellement au départ une plus grande autonomie alimentaire du pays, les pratiques d'agriculture urbaine à Cuba ont vite dépassé leur seule fonction nourricière pour devenir un élément structurant de l'organisation urbaine. Véritable référence en matière d'agriculture urbaine biologique, le modèle cubain répond aussi aux besoins de nature et de bien-être des habitants, qui bénéficient, grâce à ces jardins privatifs ou collectifs, de véritables bulles vertes, d'espaces de respiration au sein d'un univers urbain dense.

On l'aura compris, l'agriculture urbaine, à la fois champ d'innovation, d'engagement et phénomène de mode, génère un foisonnement de projets, répondant à de multiples enjeux : sécurité alimentaire, réappropriation de l'espace urbain, verdissement, autonomisation, réinsertion… En dresser une typologie relèverait de la gageure tant les initiatives sont variées et multiformes, que l'on considère les espaces investis (toitures, sols, façades, sous-sols), les méthodes de production (cultures en bacs, pleine terre, hydro- et aquaponie…), ou la structure porteuse (association, entreprise, citoyens…). On pourrait opposer les projets publics et privés, les initiatives municipales entrepreneuriales et participatives ; ceux dont l'objectif premier est productif et commercial et ceux à visée également pédagogique et sociale ; les projets de petite échelle et ceux qui ont la folie des grandeurs.

Les limites du high tech

La ligne de partage la plus significative, toutefois, nous semble séparer les projets low tech, reposant sur un sol vivant, une main-d'œuvre paysanne et renouant parfois avec des pratiques anciennes, et les projets high tech caractérisés par des cultures en milieu totalement artificiel sous contrôle technologique.

Les défenseurs de ces *techno-farms* mettent en avant des arguments allant de la qualité gustative et sanitaire des produits cultivés à la lutte contre le changement climatique (faible impact environnemental, distribution en circuits courts, importantes économies d'eau…) en passant par la réduction de la faim dans le monde (hauts rendements, affranchissements des bouleversements dus au changement climatique).

Ce modèle nous laisse pour le moins circonspects. Loin de se substituer à l'agriculture conventionnelle, les fermes high tech ne produisent actuellement guère que des légumes-feuilles et des fraises. Surtout, on assiste là à un "retour à la terre sans la terre", à contre-courant des initiatives écocitoyennes tournées vers une agriculture raisonnée, bio ou permaculturelle. Que devient le lien avec le vivant ? Ou celui avec le sol et le milieu physique et humain ? Quant au déploiement du modèle comme solution productive de masse, il consisterait à recréer une dépendance des populations à un système industrialisé. À nos yeux, ces fermes sont avant tout des produits techniques exportables, destinées à la médiatisation et la conquête de nouveaux marchés. Nous retenons également qu'elles sont encore loin d'être rentables et demeurent largement tributaires d'une production d'énergie à rebours des objectifs écologiques.

Trois arguments jouent en la défaveur des fermes high tech.

Tout d'abord, démonstration n'est pas faite qu'elles seront en mesure de nourrir significativement les villes. La promesse d'abondance portée par la toute-puissance de l'objet technique est un fantasme qui résiste mal à l'épreuve des faits. À Yokosuka, l'autonomie alimentaire reposant sur ce type de fermes n'est pas atteinte. La production high tech urbaine peut fournir un complément en légumes frais appréciable mais les villes ne sauraient se passer des cultures de plein champ pour couvrir leurs besoins en lipide et en protéine[6]. Or, aujourd'hui, cette production repose massivement sur un système productiviste lié à la mécanisation, l'utilisation d'intrants et l'irrigation massive. À quoi bon disposer de fermes high tech et braquer les projecteurs sur ce modèle alors qu'il contribue à ignorer davantage les logiques mortifères de la production alimentaire mondiale faites de pressions sur les terres, de destruction des écosystèmes et de paupérisation des agriculteurs ? Les métropoles consomment déjà les ressources des territoires satellites qu'elles épuisent. Faut-il encore qu'elles les abandonnent pour de bon ? Loin du désir d'autonomie alimentaire des villes reposant sur des technologies, il nous paraît plus urgent de miser sur des systèmes de production plus respectueux des milieux et sur le développement des solidarités ville/campagne, à l'instar de ce que font les Amap (mise en lien direct entre paysans et consommateurs), les Jardins de Cocagne (exploitations maraîchères biologiques à vocation d'insertion sociale et professionnelle) ou l'association Terre de Liens[7]. Nous y reviendrons au chapitre suivant.

Par ailleurs, si le marché est en pleine expansion, les fermes high tech sont évidemment des bâtiments excessivement chers, aussi bien dans leur fabrication que dans leur fonctionnement ou leur coût d'entretien. Elles nécessitent une main-d'œuvre rare et hautement qualifiée, elle aussi onéreuse. Ces fermes restent donc une activité de niche dont le modèle économique est plutôt incertain. Quand bien même elles orienteraient leur production vers des produits à forte valeur ajoutée (micropousses, fraises, aromatiques, etc.), rares sont les entreprises à dégager des profits générant des revenus suffisants. Dans les grandes villes, les surfaces réduites et la pression foncière limitent la production, et ces fermes nécessitent des investissements de départ souvent très lourds, qui rendent la rentabilité hypothétique et fragile.

Enfin, la promesse écologique des fermes high tech est, elle aussi, une illusion. Du point de vue environnemental, ces bâtiments qui prétendent réduire les émissions de CO_2 en relocalisant la production sont gourmands en énergie (éclairages artificiels, pompes, chauffage, etc.). Les technologies de pointe qu'ils mobilisent (panneaux photovoltaïques, batteries, capteurs, nanotechnologies, micromoteurs, etc.) nécessitent des métaux rares, dont l'extraction consomme elle-même excessivement d'énergie et participe à la dégradation des milieux habités. Ainsi que le rappelle l'ingénieur Philippe Bihouix dans un fervent plaidoyer en faveur des low tech : "En misant sur le tout-technologique pour notre lutte contre le changement climatique, nous risquons fort de créer de nouvelles pénuries (elles-mêmes nécessitant un recours accru à l'énergie) et d'accélérer ainsi le système de manière involontaire. Car les « technologies vertes » sont généralement basées sur des nouvelles technologies, des métaux moins répandus et contribuent à la complexité des produits, donc à la difficulté du recyclage[8]." Du point de vue de l'écologie sociale, le rendez-vous est lui aussi manqué. Les fermes high tech sont entièrement mécanisées ou sous contrôle numérique et nécessitent une main-d'œuvre hautement qualifiée. Si les promoteurs de ces fermes vantent d'incroyables rendements, les promesses d'emplois sont plus discrètes, l'idéal étant que ces bâtiments fonctionnent sans intervention humaine. Bel exemple de productivisme libéral dont la croissance se poursuit dans la verticalité. Et que dire de l'implantation urbaine de ces fermes, véritables monolithes posés dans la ville, dont tous les habitants sont exclus ? Quelle qualité de relation ces boîtes noires entretiennent-elles avec le contexte urbain qui les accueille ? Au moment où chacun s'interroge sur sa consommation alimentaire en portant attention à la qualité, à la provenance mais aussi aux conditions de production de ce qu'il mange, avons-nous vraiment besoin d'un Alcatraz de la salade ?

Le choix d'une ferme low tech tournée vers la permaculture

Fort de ces réflexions, notre collectif a opté pour un modèle low tech tournant le dos aux innovations les plus spectaculaires et privilégiant une ferme maraîchère à taille humaine, à forte dimension sociale et ouverte sur son quartier. L'exploitant urbain travaille en polyculture, avec aussi bien des serres maraîchères, des cultures en bacs sur le toit, de l'aquaponie sur les terrasses, qu'un potager traditionnel ou un verger.

La démarche permaculturelle, mise au point par Bill Mollison et David Holmgren au début des années 1970, nous a d'emblée séduits[9]. Inspirée directement de la nature (biomimétisme) et des savoir-faire traditionnels, la permaculture vise à créer des écosystèmes respectueux de la biodiversité. Des systèmes agricoles stables, résilients et économiquement viables prenant le contrepied des modèles industriels menaçant la fertilité des sols. D'abord système de conception agricole, l'approche permaculturelle s'est élargie à tous les domaines de la vie humaine, autour de trois principes : prendre soin des humains, prendre soin de la Terre et partager équitablement. Comme l'illustre la “fleur permaculturelle” de Holmgren[10], la recherche d'équité, de coopération et de durabilité s'applique aussi bien par l'emploi d'une monnaie locale, la pratique du recyclage, l'enseignement à la maison que par l'écoconstruction. Dans cette approche holistique, la dimension sociale n'est pas en reste – c'est aussi en cela que la permaculture entre en résonance avec le projet de la Ferme : elle repose sur une conscience forte des interdépendances entre

Cultures en bacs sur le toit-terrasse de la Ferme

le monde social et celui de la vie. L'objectif est bien sûr de produire mais aussi d'apprendre. Aucune de ces cultures ne nécessite de machine sophistiquée mais de simples outils et de la main-d'œuvre qui, dans notre cas, est particulièrement peu qualifiée, du moins au début, puisque le site héberge et forme des personnes en situation de grande précarité. À la Ferme du Rail, les questions sociales occupent une place aussi importante que les objectifs productifs. Tout l'enjeu est là : former à des techniques simples et reproductibles, comprendre ce que l'on fait et être capable de le transmettre à d'autres, augmenter la capacité de chacun à maîtriser, entretenir et faire durer un modèle d'agriculture pérenne. Le collectif a cherché un équilibre entre productivité et résilience, qui repose sur une juste évaluation des besoins – et non sur la production pour elle-même. Cette conception frugale n'a pas pour seul but de subvenir aux besoins des résidents de la Ferme mais aussi de tester différents types de production que la ville est à même de porter. D'éprouver, à petite échelle, un système susceptible de se décliner en zone urbaine et périurbaine sur des surfaces plus importantes, et d'affermir ainsi son modèle économique. Si la Ferme constitue aujourd'hui un cas isolé, nous la considérons comme un modèle reproductible, qui pourrait se diversifier et s'essaimer dans la métropole.

Cultiver les liens

La question de la qualité du lien est aussi l'un des principes fondateurs de la Ferme : les relations importent autant que les performances. Vu le rôle du quartier dans la genèse du projet et l'ancrage local de ses acteurs, il était inconcevable de construire un lieu fermé sur lui-même, étranger à l'écosystème dans lequel il se trouve. Ce qui caractérise le mode de fonctionnement de la Ferme est donc son ouverture sur le quartier. Comme nous l'avons vu, la rencontre avec les riverains a commencé dès le démarrage du projet avec une phase de concertation menée à travers diverses rencontres et réunions publiques : en conseil de quartier, en mairie d'arrondissement, ou en lien avec des associations comme le Cafézoïde ou d'autres membres du collectif ATCO (autour du canal de l'Ourcq).

Par ailleurs, des liens étroits se sont noués dès l'origine entre la Ferme et les jardins partagés du quartier : aujourd'hui encore la Ferme accueille une banque de graines et des semis destinés aux jardins de l'association Jardizneuf. Elle leur fournit à la demande de la paille, du compost, des végétaux ou encore de la terre végétale. Les étudiants hébergés à la Ferme s'engagent, *via* leur bail, à proposer des animations sur l'agriculture urbaine ou le compostage dans les jardins partagés du 19e. La Ferme a plus particulièrement en charge l'entretien du jardin de la rue de Thionville, dont l'usage est réservé aux institutions et associations riveraines (crèche, Ehpad, institut médico-éducatif, Amap).

L'activité de compostage contribue aussi à en faire un lieu d'ouverture au public et à favoriser l'interaction entre les résidents de la Ferme et leurs voisins. Situé sous les voûtes à l'entrée, le point d'apport volontaire a été ouvert aux habitants du quartier dès la phase de chantier, en 2019. En devenant adhérents, ceux-ci s'engagent à venir déposer régulièrement leurs biodéchets en échange d'informations, voire de formation, sur les techniques du compost.

Construction de l'abri du jardin partagé de Thionville
par Travail et Vie

L'ouverture au quartier ne se résume pas au travail social mais se manifeste par un ancrage réel dans l'économie locale. Le confinement a favorisé la vente dans des épiceries bio de la production de la Ferme pour écouler les légumes que n'utilisait plus le restaurant, fermé au public. De même, sous forme de micromarchés, des fleurs en pots produites à la Ferme ou des produits alimentaires en circuit court sont vendus aux visiteurs.

Le Passage à niveau, cantine-restaurant de la Ferme, est évidemment un lieu de convivialité. Les résidents y mangent chaque jour aux côtés des habitants du quartier et d'ailleurs les légumes qu'ils ont eux-mêmes produits. Nombre de clients ignorent d'ailleurs qu'il s'agit de la cantine des résidents. Bien que freiné dans son lancement par les confinements successifs, *Le Passage à niveau* a toutefois déjà fait ses preuves depuis son ouverture en juin 2020 : quatre mois durant, il a tourné à quatre cents couverts par jour, bénéficiant de la curiosité qui entourait le chantier depuis des mois, de la médiatisation du projet et certainement d'un bon bouche à oreille. Cela dit, beaucoup reste à faire : en dépit des efforts pour fournir des menus bon marché et de qualité dans le contexte parisien, l'appropriation du lieu par les voisins aux revenus plus modestes reste un axe de réflexion pour l'avenir.

Loin d'être un objet architectural clos et replié sur lui-même, la Ferme du Rail agit ainsi avec son environnement. C'est pour nous une dimension essentielle. Aujourd'hui, on sait qu'à la Ferme, on peut aller porter ses déchets organiques, que le compost est aussi collecté dans les restaurants du quartier, qu'on peut trouver dans son assiette une production locale, qu'on peut commander un service d'entretien ou de création de jardin. Grâce à cette polyactivité, la Ferme n'est ni un îlot ni un ghetto. Les personnes qui y sont hébergées sont considérées comme des "habitants de la Ferme du Rail" et non comme des "personnes à la rue accueillies dans un logement social". L'insertion, pour elles, passe par ce double mouvement, que permet précisément la Ferme : travailler sur soi et se rendre utile au quartier.

3

SOLIDARITÉS AGRICOLES

Au-delà de l'ouverture au quartier, le projet de la Ferme du Rail nous est apparu dès le début comme une opportunité pour construire, ou plutôt reconstruire, des liens entre Paris et les territoires agricoles. Nous tenions à prendre en compte les évolutions du monde paysan et la détresse, tant économique que sociale, de nombreux agriculteurs sommés de nourrir des villes qui leur tournent le dos.

L'histoire d'une séparation

Comme beaucoup d'urbains, les Parisiens ignorent quasiment tout des territoires de subsistance dont ils dépendent. Qui se souvient, par exemple, que la station de métro "Maraîchers", ouverte en 1933, a été baptisée ainsi en l'honneur des multiples producteurs installés sur les collines de Belleville et de Montreuil ? Cet oubli symbolise bien la coupure entre les citadins et leur territoire, qui s'est instaurée à partir des Trente Glorieuses. Nous avons relégué hors des grandes métropoles les espaces et les activités qui assurent notre alimentation. L'urbanisation, la mécanisation de l'agriculture, le développement des engrais chimiques ont contribué non seulement à éloigner le cultivateur de sa terre (on nourrit directement la plante au lieu d'amender le sol qui à son tour nourrit la plante) mais aussi à couper les habitants des villes du monde rural, du travail des producteurs, et ce jusqu'à une forme de cécité quant à la provenance et aux conditions d'acheminement de leur nourriture. À Paris, le phénomène est encore accentué par la proximité du marché de Rungis. Cette immense plateforme de distribution avec un arrivage de 1,7 million de tonnes de marchandises annuel (2019) constitue le plus grand marché de produits frais au monde. S'y approvisionnent commerçants et restaurateurs de toute la France, voire de l'étranger. On peut se glorifier du dynamisme de ce nouveau "ventre de Paris". Mais cet outil, mis au service de la mondialisation, débouche aussi sur des absurdités en termes de distribution : des productions locales parcourent de grandes distances ou passent par Rungis avant d'être finalement consommées à côté de leur lieu de production. À peine la moitié des arrivages sont des produits français. Parmi ce qui vient "de Rungis", personne ne fait plus la différence entre ce qui est produit à l'autre bout du monde, à l'autre bout du pays ou juste à côté de chez soi. La coupure entre ville et campagne semble consommée. Elle nous rend amnésiques, incapables même de nous souvenir qu'en 1930 la moitié de la France était encore rurale. Se désintéressant de qui produit quoi et comment, privé de tout lien avec les paysans, le citadin tend à rester sourd à la crise du monde agricole, à la précarité croissante et au manque de reconnaissance que subissent nombre d'agriculteurs. Or cela représente une énorme perte de méconnaître les acteurs de cette chaîne qui amène la nourriture à notre assiette et d'ignorer l'interdépendance des territoires sans laquelle la vie métropolitaine est inconcevable. Nous sommes sensibles à l'approche biorégionaliste qui invite à penser le territoire comme "un lieu défini par ses formes de vie, ses topographies et son biote plutôt que par des diktats humains[1]". C'est autour des bassins-versants, c'est-à-dire des espaces drainés de cours d'eau et par leurs affluents, et non des découpages administratifs que se tissent les liens qui rendent la vie possible, aussi bien dans sa dimension biologique que sociale. Si nous n'appréhendons pas le territoire comme un ensemble vivant (sol, roche, eaux, climats, plantes, insectes, animaux mais aussi acteurs locaux), si nous n'avons pas conscience des ressources des lieux, de la capacité de charge des terres, comment pourrions-nous envisager des modes de production et de consommation plus pondérés et plus solidaires ? Le biorégionalisme offre aujourd'hui un modèle alternatif à une agriculture intensive, déterritorialisée dans les têtes, pour envisager des façons d'habiter écologiques, poétiques et politiques, où chacun – humains et non-humains – redevient un acteur de son territoire[2]. Mais, entre le foisonnement de la pensée biorégionaliste et l'ignorance commune de ce qu'est un territoire de subsistance, la distance est encore grande.

Le modèle de l'Amap

C'est précisément ce fossé que cherche à combler le système des Amap dont nous sommes membres depuis plus de quinze ans, qui nous a beaucoup inspirés dans l'élaboration du projet de la Ferme du Rail (voir chapitre I). Ces "associations pour le maintien d'une agriculture paysanne" reposent en effet sur l'établissement d'un lien direct entre un producteur local et un groupe de consommateurs, ces derniers s'engageant à acheter au premier une partie de sa production (en général *via* un système de paniers hebdomadaires). Selon les termes du contrat, le paysan peut être amené à associer les consommateurs aux décisions quant à la nature et la quantité des denrées à produire, les méthodes de production, les prix de vente, etc. Il leur fait part de ses difficultés éventuelles, les accueille sur ses terres pour leur expliquer le travail à la ferme, ou encore les mettre à contribution ponctuellement (plantation, désherbage, cueillette...). Loin de se résumer à l'achat régulier de paniers bio, le système de l'Amap permet de comprendre la valeur des circuits courts en portant une attention nouvelle aux productions locales et de saison, modifiant la façon de s'alimenter. Le partage équitable des risques économiques, en cas d'intempéries affectant la récolte par exemple, constitue également une reconnaissance en acte des aléas de la vie paysanne. Pédagogique, participatif, transparent, favorisant la convivialité et la qualité alimentaire, l'Amap est véritablement un espace politique qui renforce les liens entre ville et campagne.

Cette expérience partagée de la solidarité entre citadins et paysans nous a conduits à réinterroger la relation des métropoles aux territoires agricoles qui les entourent, trop souvent devenus des territoires de l'ombre, assurant en coulisse le ravitaillement et le bien-être des villes sans recevoir en retour aucune considération[3]. Mais comment la Ferme du Rail, au-delà de ses murs, pouvait-elle venir en soutien : à la fois se soucier des difficultés, du statut, des conditions de vie des agriculteurs et accompagner les initiatives positives œuvrant à la résilience du système alimentaire et à la construction écologique ?

Des circuits solidaires

Sans répondre de façon exhaustive à ce questionnement, nous avons expérimenté plusieurs types de circuits solidaires à travers des partenariats. Nous en présentons ici trois.

Le Marché sur l'eau

La Ferme étant située à proximité du canal de l'Ourcq, un premier partenariat s'est assez naturellement établi avec le Marché sur l'eau. Transporteur fluvial et primeur, il est un véritable passeur entre Paris et la Seine-et-Marne. Installée en bordure de canal à Claye-Souilly, cette association a pour vocation, depuis son lancement en 2011, de favoriser par le circuit court fluvial une consommation locale et durable. Elle offre aux citadins la possibilité de consommer des fruits, légumes et céréales produits à moins de cent kilomètres de Paris, acheminés par bateau électrique le long du canal de l'Ourcq. Les denrées sont collectées auprès d'exploitations familiales situées à proximité du canal puis transportées en bateau jusqu'à différents points de distribution à Paris, Pantin, Sevran, Bobigny. De notre côté, Yves Reynaud (directeur de Travail et Vie) décide, avant même de démarrer le chantier de construction de la Ferme, de mettre en place une activité de collecte de déchets organiques dans le quartier dans l'idée de nous réinscrire dans l'histoire du Paris maraîcher du

XIXe et du début du XXe siècle. Tout premier acte symbolique de ce qu'allait devenir la Ferme, ses futurs employés ont ainsi démarré des tournées à vélo auprès d'une vingtaine de restaurateurs du quartier, pour collecter leurs biodéchets. Aujourd'hui, ceux-ci sont ramenés à un point de compostage installé sur notre parcelle, mais à ce stade, nouer un partenariat avec Marché sur l'eau pour la valorisation de ces déchets a paru *LA* bonne idée. Celle à même de recréer cette boucle perdue entre des territoires urbains et agricoles. En effet, une fois les légumes livrés, leur barge repartait à vide vers la Seine-et-Marne. Or, le canal de l'Ourcq a un tirant faible, qui ne supporte que de petites embarcations assez lentes, de sorte que pour une distance relativement courte, les bateaux ont un temps de trajet long et fastidieux, avec passage d'écluses, etc. Elles partent au milieu de la nuit de Claye-Souilly pour arriver dans Paris en fin de matinée. Le coût du batelier occupe donc une place centrale dans leur modèle économique. Quand nous proposons à leur directrice, Christelle Touzart, de rentabiliser le trajet retour en remportant vers la Seine-et-Marne des déchets collectés dans la capitale, cela lui paraît une bonne occasion de renforcer le modèle de l'association au travers d'une activité en cohérence avec leur philosophie. Pendant quelques mois, donc, la Ferme du Rail a assuré ce travail-là : collecter les déchets dans le quartier et les charger sur le bateau de Marché sur l'eau, qui pour sa part redistribuait la matière aux agriculteurs.

Pour diverses raisons, toutefois, cette belle synergie n'a pas duré.

D'abord, nous avons rencontré des problèmes logistiques. Ce que voulaient les paysans, en réalité, ce n'était pas du compost déjà préparé, mais de la matière fraîche. Or les déchets végétaux non travaillés en vue d'un compostage sur site deviennent rapidement inexploitables et nécessitent des transferts rapides et fréquents. Sans véritable base logistique dans Paris, nous suivions difficilement le rythme, tandis que dans le même temps, les bâtiments de la Ferme n'en étaient encore qu'au stade de la conception architecturale. Comme bien souvent dans la mise en place de

Livraison du Marché sur l'eau, canal de l'Ourcq

ces chaînes logistiques propres à l'économie circulaire, nous avons buté sur des grains de sable : la rampe du bateau au quai, les contenants mal adaptés et mille autres détails qui compliquent des opérations minutées... Notre philosophie souvent heureuse qui consiste à passer à l'action sans attendre que tout soit parfaitement bordé, à expérimenter et prototyper sans multiplier les simulations préalables et les garde-fous, nous a peut-être joué des tours cette fois-ci.

Par ailleurs, le modèle économique de notre partenariat était fragile. Il n'existe pas aujourd'hui de financement public direct pour ce genre de gestion très locale des déchets organiques. Le tri sélectif, expérimenté depuis 2017 et systématisé depuis 2019, atteste assurément d'un changement de regard sur les ressources exploitables que représentent des déchets ménagers. Actuellement, à Paris comme dans beaucoup de communes, le traitement des déchets organiques se fait dans le meilleur des cas en centrale de compostage et, le plus couramment, en usine de méthanisation en vue de la production de chauffage, donc en mobilisant à nouveau un dispositif industriel lui-même consommateur d'énergie. Il est d'ailleurs montré que cet exécutoire dans des usines de méthanisation, quand bien même elles traiteraient l'intégralité des déchets organiques des Franciliens, ne permettrait de produire que 0,01 % de la production totale d'énergie de l'Île-de-France. De plus, cela se traduirait par une multiplication des camions de collecte, une intensification des transports, de la congestion urbaine et des émissions de CO_2. Alors pourquoi ne pas laisser les champs à proximité de Paris absorber naturellement ces déchets organiques collectés à vélo puis acheminés par des flottes de bateaux ? On aimait l'idée… mais qui allait payer ces services que nous voulions rendre à la ville et aux champs ? Nous avons trouvé des subventions ponctuelles pour monter le projet mais pas de financement pérenne. Il aurait fallu une dynamique politique, une alliance entre la Région et la Ville de Paris, pour que ce service de gestion locale de déchets à faible impact environnemental soit pris en charge. Privé d'un tel financement, le modèle a périclité une fois les subventions mangées.

S'ajoute enfin à cela la prise en compte du contexte dans lequel ce partenariat s'est développé. Nous commencions juste le chantier de la Ferme, et il s'est agi assez rapidement de créer du compost pour nous-mêmes afin de créer et massifier les substrats en vue de la future mise en culture de nos sols. Quel meilleur modèle qu'une digestion par la ville même de ses déchets organiques ?

Ce partenariat n'a donc pas perduré. Mais il illustre bien la possibilité, lorsque la collecte atteindra une masse critique, d'instaurer un circuit solidaire entre Paris et sa ceinture productive. En recevant la matière organique, les agriculteurs rendent un service à la ville, qu'ils débarrassent de ses déchets. En lui fournissant ce précieux engrais, la ville rend un service aux agriculteurs.

Le dispositif montre également à quel point le canal de l'Ourcq et plus généralement les voies fluviales constituent un trait d'union entre les territoires. Nous l'avons vu, le Bassin de la Villette à l'articulation de trois canaux fut au tournant du siècle un important port logistique. Aujourd'hui les canaux sont réservés quasi exclusivement à des activités de loisir. À part un trafic périclitant de péniches qui poursuivent leur route jusqu'à l'arsenal et la Seine, le Bassin de la Villette a, au cours du XXe siècle, totalement perdu sa vocation de fret au profit du camion. Le temps long des trajets et le coût du travail ont eu raison d'un système d'approvisionnement autrefois vital. Mais nous restons convaincus que les canaux parisiens (Saint-Denis, Ourcq et Saint-Martin) conservent leur capacité d'acheminement vers la Seine-et-Marne et la Seine-Saint-Denis, notamment pour le transport des pondéreux et marchandises massifiables, et qu'ils constituent une solution de fret fluvial pertinente pour penser une logistique décarbonée relevant de l'économie circulaire.

La force d'un brin de paille

Le chantier de construction en matériaux biosourcés a été lui aussi l'occasion de réinvestir cette solidarité ville/campagne. Isoler l'ensemble des bâtiments (habitation et restaurant) avec des bottes de paille a permis de recréer un lien avec les agriculteurs de la ceinture céréalière, très importante autour de Paris. La spécificité de la construction en paille, en plus de sa bonne performance thermique, tient au fait que la botte est directement fabriquée par l'agriculteur dans son champ, sans intermédiaire, contrairement à d'autres fibres naturelles, comme le chanvre, par exemple, qui exigent une transformation *a minima* en atelier et le plus souvent en usine. La paille a aussi l'avantage de ne pas être produite pour elle-même et donc de ne pas mobiliser des terres arables uniquement pour produire des matériaux de construction issus de la biomasse. Elle est un *coproduit* de la production céréalière, c'est là tout son intérêt, mais elle reste largement sous-exploitée. Communément après récolte, moins de la moitié de la paille est ramassée pour servir d'andains de fourrage au bétail. Ce n'est pas le cas chez Mathieu Penel, agriculteur, éleveur et cavalier, fournisseur de nos bottes, dont la Ferme des Blés se trouve à soixante-dix kilomètres de la Ferme du Rail, à Sonchamp (ça ne s'invente pas). Il mène en parallèle d'un élevage de chevaux une activité complémentaire d'exploitation céréalière et de fourrage alimentaire. Il est l'illustration d'une diversification vitale des activités paysannes. Dans cette même démarche, notre commande avant récolte de trois mille bottes a constitué pour lui un appréciable revenu d'appoint et un débouché complémentaire, pertinent dans sa proximité avec Paris.

Si nous avons privilégié ce matériau, c'est aussi parce que nous avons très tôt envisagé de travailler avec ApijBat, une coopérative francilienne de l'écoconstruction solidaire, fondée par Rémy Beauvisage il y a plus de vingt ans et employant des personnes en insertion. ApijBat avait déjà mis en œuvre l'isolation en paille pour le groupe scolaire des Boutours en 2017, un projet pionnier de l'écoconstruction à Rosny-sous-Bois. Avec le chantier de la Ferme nous voulions faire la démonstration que la construction en paille ne se limite pas à la seule valorisation d'un matériau biosourcé mais peut favoriser une démarche d'insertion et de requalification des personnes comme des pratiques ouvrières. Les bottes de paille sont pour ainsi dire préfabriquées par l'agriculteur et s'apparentent à des modules. Cela en fait des éléments plus facilement manipulables et mis en œuvre en remplissage de l'ossature en bois du bâtiment. Il est primordial que l'activité d'insertion retrouve sa vocation de formation et ne relègue pas les personnes aux tâches subalternes et pénibles de manutention. De nombreuses associations telles qu'ApijBat et Travail et Vie montrent clairement que ces personnes accompagnées techniquement et socialement, même sans qualifications préalables, peuvent accéder rapidement à des mises en œuvre habilitantes. Le champ de l'écoconstruction, par la place centrale qu'il donne au geste ouvrier, se prête particulièrement bien à cette démarche. Pour toutes ces personnes, l'acquisition d'un savoir-faire, la précision des tâches et le soin requis à son exécution permettent de se situer comme un maillon essentiel de la chaîne de production et du cycle de la matière.

La livraison par le paysan des bottes de paille sur le chantier

Choisir la paille comme matériau de construction nous permet donc de faire jouer la solidarité à plusieurs niveaux : d'abord, en achetant la paille, nous contribuons à créer une économie complémentaire pour les agriculteurs, et ce sans activité supplémentaire pour eux ; ensuite, nous valorisons le surplus de paille considéré comme un déchet agricole – une belle circularité, renforcée encore par le fait qu'en bout de cycle, la paille pourra être déconstruite et réamender les sols ; enfin ce choix constructif permet la formation de personnes précarisées aux métiers de la construction écologique.

La piste de la ganivelle

La vêture des bâtiments de la Ferme, véritable manteau de rondins de châtaignier, est le fruit d'autres liens tissés avec le monde rural. Une logique a présidé au chantier : rester le plus frugal possible dans la transformation de la matière. C'est pourquoi nous voulions, pour le bardage des façades, une essence de bois qui ne nécessite aucun traitement et un minimum d'étapes de transformation après récolte. En Île-de-France, seuls le chêne et le châtaignier restent naturellement imputrescibles une fois séchés. Qualifié d'“arbre civilisation”, le châtaignier rend depuis des siècles de multiples services aux hommes. “Arbre à pain”, nourricier par ses fruits, de croissance rapide, le châtaignier se plaît sur des sols impropres à l'agriculture. Mélanie Drevet, la paysagiste de la Ferme, projetait d'utiliser des ganivelles de châtaignier comme clôture du potager. S'inspirant de cette esthétique simple du jardin, nous sommes partis à la recherche d'un producteur de ganivelle francilien. Nous n'avons trouvé sur toute la région que deux frères de la vallée de la Bièvre, bûcherons et producteurs de clôtures en châtaignier, les derniers des Mohicans d'une culture autrefois florissante. Nous recherchions une transformation non standardisée de taillis de châtaigniers, générant un minimum de déchets. Les taillis sont les jeunes rejets de souche de l'arbre. Depuis longtemps, les frères avaient abandonné ce type de culture et de façonnage pour un usinage de grands sujets. Aucun partenaire francilien, donc, pour récolter le châtaignier en début de croissance à l'état de perches, ni pour le travailler en simple écorçage. Cette recherche infructueuse témoigne de l'état de la filière bois francilienne. Alors que l'Île-de-France porte à elle seule plus de 20 % de la construction française et qu'elle compte 287 000 ha de forêts, soit 24 % du territoire, il est malheureusement aujourd'hui quasi impossible d'y construire des bâtiments en bois local notamment issus de feuillus tels que le chêne. Cela représenterait pourtant une alternative décarbonée au béton des plus solides. Mais la filière bois en Île-de-France est structurée autour des entreprises de construction et non celles de la transformation du bois, ce qui contraint l'approvisionnement en bois d'œuvre au mieux sur d'autres régions françaises ou en Europe, au pire sur d'autres continents, entraînant des coûts de transport

Prototype de chantier de la vêture en échalas de châtaignier
que présente Julia Turpin, architecte de la Ferme, à François Dagnaud,
maire du 19e, et Roger Madec, son ancien maire et actuel conseiller de Paris

et d'énergie inutiles. La crise sanitaire en bouleversant une mondialisation des flux de marchandises a mis au jour une situation aberrante et installée de longue date : les chênes issus des forêts franciliennes sont depuis plusieurs décennies quasi intégralement exportés par bateau en Chine.

Finalement, nous trouvons, en flânant sur la Toile, le pétulant Hubert Brossault à Amanlis, en pays rennais, exploitant et transformateur de taillis de châtaigniers, qui comprend pleinement la ressource qu'ils représentent. Pratiquant une exploitation écologique en futaie irrégulière, il qualifie lui-même son prélèvement raisonné annuel comme “une relation où l'homme négocie un contrat avec la nature”. N'étant pas propriétaire de forêt, il passe également un contrat solidaire avec des agriculteurs locaux : contre récolte de leur taillis et par là même entretien de la forêt, Hubert verse aux fermiers un revenu équivalent à une exploitation agricole de la parcelle. Notre homme, à bord de sa charrette à cheval, plus adaptée à l'évolution en forêt, a ainsi récolté l'équivalent des neuf kilomètres de rondins de châtaignier qui ont habillé les bâtiments de la Ferme. Sobre également dans son acte de transformation, il a tout de suite compris notre souhait de garder un aspect au plus proche de l'état originel à peine écorcé qui donnera plus tard cet aspect “peau de girafe” de nos façades.

Collecte des taillis de châtaigniers qui serviront à la vêture de la Ferme

Si nous avons dû sortir d'Île-de-France pour trouver ce partenaire, en reconsidérant les frontières de ce que peut être un circuit court, nous sommes restés fidèles à nos exigences. Ce type de prélèvement annuel de taillis, rejets d'une souche mère, permet en effet un impact limité sur la forêt : les équilibres sont maintenus. Autre avantage : ainsi taillé à partir de jeunes tiges, la matière absorbe davantage de CO_2 (cette capacité généralement prêtée aux arbres est en effet surtout effective en début de sa croissance) que s'il s'agissait d'un arbre de haute taille. Le rondin une fois mis en œuvre conserve cette faculté, de sorte que le bâtiment devient un super-stockeur de CO_2.

Deux ans après l'ouverture de la Ferme, nous cherchons toujours à créer d'autres circuits solidaires. La Ferme joue pleinement son rôle de sensibilisation, de partage et d'échange : les habitants font des collectes dans les immeubles, apportent leurs déchets organiques aux fermiers et participent au cycle de production de la Ferme. Étant désormais bien identifiée dans le quartier, la Ferme devient aujourd'hui un lieu de relais et de distribution des producteurs franciliens. Nous venons ainsi de renouer avec notre ancien partenaire le Marché sur l'Eau en faisant de la Ferme un point de vente permanent des fruits et légumes qu'il continue d'acheminer par bateau. Chaque semaine, la distribution de paniers de légumes de groupes d'Amap se tient dans le hangar et constitue une occasion d'échanges autour d'un café.

Travail et Vie met également en place des partenariats afin que les personnes en insertion formées à la Ferme puissent effectuer un travail saisonnier auprès d'autres exploitants. Dans le cadre d'un parcours d'insertion, où la question de la qualité de l'environnement est déterminante, nous pensons important de ne pas être cantonnés au seul cadre urbain. Travail et Vie pratique déjà ce genre de coopération ponctuelle avec des partenaires paysans du côté de Bordeaux : tous les ans, une dizaine de personnes ont l'occasion de s'extraire de la capitale pour y effectuer des travaux forestiers. Plus près de la Ferme, un partenariat vient de se mettre en place avec Benoît Feyler, producteur en Gâtinais, qui se trouve être l'agriculteur de notre Amap, Les mauvaises herbes. Il accueillera sur son exploitation des résidents de la Ferme pour des travaux saisonniers. La boucle est bouclée.

Remettre espace urbain et espace rural sur un pied d'égalité, faire advenir des solidarités inédites, les rendre visibles et partageables : tels sont les fers de lance de la Ferme du Rail. Tisser un lien entre la ville et la campagne. Entre les producteurs et les consommateurs. Mettre toutes ces personnes en relation, développer entre elles une attention réciproque et créer des "communs" à même de les réunir. Cette logique de partage et de solidarité, en laquelle on peut voir une *extension du domaine de l'Amap* sur le grand territoire, a présidé à la création de la Ferme depuis le choix des matériaux de construction et leur mise en œuvre jusqu'à l'activité maraîchère. Si cette approche – urbaine, holistique, en polyactivité – se révèle source d'inspiration pour les habitants des villes comme pour de jeunes exploitants agricoles, qui en inventeront probablement d'autres déclinaisons répondant à des problématiques locales, alors nous aurons gagné notre pari.

4

POUR DES VILLES PRODUCTIVES

Nous avons vu comment la Ferme du Rail est née d'une synergie entre divers acteurs engagés du 19e arrondissement ; nous avons décrit son ouverture sur le quartier et le territoire francilien, évoqué ses fonctions d'accueil et de formation. Dans ce chapitre, nous voudrions insister sur sa fonction productive. Sa visée première, en effet, reste de produire légumes, fruits et aromatiques pour nourrir les résidents et alimenter le restaurant. La Ferme dispose actuellement de 926 m^{2} cultivés. Son jardin a également été conçu comme un paysage participant à la biodiversité du site et de ses alentours. S'il a été pensé très en amont de sa mise en œuvre, c'est le temps suspendu du confinement qui a permis à Mélanie Drevet et Olivier Allard de mûrir sa conception et son adaptation au vécu des fermiers et des habitants. Épousant la topographie et partant de l'état des sols partiellement pollués, il est composé d'une

Le talus menant au restaurant, ses murs de pierre,
ses plantes aromatiques et baies

“mosaïque de milieux” qui dessine en creux les chemins empruntés par les visiteurs et les habitants de la Ferme.

Surplombant le potager central (haricots, carottes, pommes de terre, choux, betteraves, poiriers en espalier…), sur un talus menant au restaurant s’implante un verger en agroforesterie complété d’aromatiques (menthe, sauge, thym, laurier…), de courges et de courgettes, de baies offertes aux visiteurs (framboisiers, fraisiers, mûres…) et de vivaces.

Partout l’architecture accueille une polyculture maraîchère et fruitière : une grande serre froide (semis, fèves, mâche, épinards, tomates, micropousses…), deux toitures-terrasses équipées de tables, de bacs et de jardinières (semis, salades, aubergines, poivrons…), une culture de tomates en aquaponie sur les terrasses plein ouest des chambres des résidents, une champignonnière de pleurotes implantée dans la partie sombre du hangar, une vigne courant sur la pergola de la façade sud du restaurant qu’elle ombrage.

Si l’activité agricole de la Ferme ne suffit pas quantitativement à assurer l’autonomie du restaurant, la production présente néanmoins une grande diversité. Une centaine de variétés de fruits, légumes et aromatiques, totalisant une production de 2 tonnes, a été produite depuis mars 2020. Durant cette première année d’exploitation, treize personnes dont dix hommes et trois femmes ont été salariées par Travail et Vie. Leurs activités se sont réparties entre la collecte en triporteur et la gestion du compost, le maraîchage, et l’entretien et l’animation de la Ferme.

Si à l’échelle de la ville cette tentative pour relocaliser la production demeure modeste, elle nous semble porteuse d’enjeux beaucoup plus vastes. Au-delà de la seule production agricole, elle nous incite à réfléchir à la réintroduction des activités productives dans les métropoles. Pourquoi est-ce une démarche importante ? Comment s’intègre-t-elle dans la conception de l’écologie urbaine que nous défendons ? La question porte à la fois sur le fonctionnement des écosystèmes urbains et sur les conditions sociales de leur mise en œuvre.

Le point d'apport volontaire de déchets organiques
géré par Travail et Vie

Un métabolisme urbain mondialisé

Le premier versant de la question se rapporte au métabolisme urbain, c'est-à-dire à l'ensemble des stocks et des flux de matières et d'énergies mis en jeu par le fonctionnement d'une ville. Comme nous l'avons rappelé, Paris jusque dans les années 1950 accueillait en son sein de nombreuses activités de transformation de la matière, notamment dans le 19e arrondissement. Elles en ont été peu à peu évincées en raison des diverses pollutions et nuisances qu'elles généraient (problème d'hygiène, odeurs, etc.). Depuis, la ville n'a cessé d'externaliser ces activités de transformation de la matière, préférant importer denrées et produits manufacturés. Comme le rappelle l'historienne Sabine Barles, nous assistons depuis le XXe siècle à une intensification et une mondialisation du métabolisme urbain : les distances moyennes d'approvisionnement alimentaire et énergétique ne cessent d'augmenter, parallèlement à la part des ressources non renouvelables dans notre consommation[1]. Ainsi, Paris importe quasiment toutes les matières qu'elle consomme et exporte celles qu'elle rejette. Si l'on ne considère que la consommation directe, le bilan carbone d'un Parisien est relativement mesuré : 3,4 tonnes d'équivalent CO_2 par habitant (pour 6,5 tonnes en moyenne en Île-de-France), mais si l'on considère la consommation indirecte, incluant l'ensemble des émissions induites à l'échelle mondiale par le fonctionnement de son territoire, on atteint les 15 tonnes par an et par habitant.

Outre cette externalisation, le métabolisme urbain – c'est notamment le cas à Paris – se caractérise par une forte linéarité. Souvent résumé par la formule "extraire-fabriquer-consommer-jeter", ce modèle consiste à consommer des ressources naturelles et de l'énergie pour fabriquer et commercialiser des produits destinés, en fin de vie, à devenir des déchets. Issu des débuts de l'industrialisation, il suppose – c'est là où le bât blesse – l'abondance et la disponibilité permanente des ressources. Nos métropoles reçoivent des ressources de l'extérieur de leur territoire et même du monde entier – en eau potable, en énergie, en matière organique, en pondéreux et matériaux de construction – pour ne produire, à l'autre bout de la chaîne, que du déchet. À Paris, même s'il y a une vraie prise de conscience sur ces enjeux, la part du recyclage ou du réemploi demeure trop faible.

Pour des raisons liées essentiellement au coût du foncier, la métropole accueille avant tout logements, bureaux et commerces. Inversement, elle a tendance à reléguer toute sa fonction productive à la périphérie, voire désormais à la grande périphérie. Si l'on remonte ne serait-ce que quelques générations en arrière, la mixité entre logements et lieux de travail était bien constitutive du tissu urbain. Ainsi, des artisans vivaient au-dessus de leur atelier qui était également le lieu de diffusion de leur production. La fonction productive et son corollaire, la fonction logistique, ont été complètement relégués hors des villes au profit d'une économie de services. Et invisibilisés, comme s'il y avait quelque indécence à montrer l'envers du décor. Nous voulons profiter des ressources que l'on consomme sans nous soucier de savoir d'où elles viennent, qui les produit et comment. C'est là un écueil néfaste pour nos villes car cette occultation – qu'on la nomme oubli ou aveuglement – ne favorise pas une consommation raisonnée.

À l'inverse, réintroduire de l'activité de production en ville contribuerait à limiter l'impact des métropoles sur l'environnement et à rendre les villes moins dépendantes d'externalités. Optimiser les flux ne suffit pas, il faut aussi produire localement. La crise sanitaire du Covid-19 et le ralentissement des échanges qu'elle a généré ont bien montré les limites d'une telle dépendance : ruptures d'approvisionnement et de stock, renchérissement du coût des matériaux, notamment de construction...

L'activité de compost de la Ferme
dans une des voûtes sous la Petite ceinture

Les analyses de métabolisme donnent au politique un recul intéressant pour réfléchir aux solutions à favoriser. De même que, toujours selon Sabine Barles, il faut privilégier au recyclage les solutions de type réemploi, "dématérialisation" ou sobriété consistant à prévenir la production des déchets (voir chapitre 7). C'est exactement ce qu'entend proposer la Ferme du Rail : un modèle reproductible de petites unités de production locales, œuvrant à la résilience des villes.

La question du travail

La relégation hors des villes des activités de production s'accompagne évidemment d'une relégation sociale. La fonction ouvrière, l'artisanat, tous les acteurs de ce travail de transformation de la matière se trouvent eux aussi invisibilisés et exclus des métropoles. S'interroger sur la réintroduction en ville des activités de transformation, c'est non seulement se demander ce que l'on produit, pour qui et où, mais aussi *qui produit* et *dans quelles conditions*. C'est là le second volet de notre sujet, indissociable du premier : le volet économique, social, humain, trop souvent négligé par certains partisans des villes vertes ou de l'agriculture biologique. On s'intéresse à l'objet, aux qualités environnementales des bâtiments ou des lieux sans toujours considérer les conditions dans lesquelles ils sont fabriqués. Pour nous, produire des logements labellisés avec des objectifs environnementaux en négligeant sur le chantier le Code du travail ou la dignité la plus élémentaire des ouvriers n'a aucun sens. C'est oublier que l'exploitation de la nature est indissociable des rapports de domination au sein des sociétés humaines. Pour reprendre ici les mots de Murray Bookchin, la société écologique est celle "qui met en œuvre les changements sociaux radicaux nécessaires pour en finir avec la destruction des écosystèmes[2]". Le pape François, dans son encyclique *Laudato Si'*, rappelle lui aussi que "l'environnement humain et l'environnement naturel se dégradent ensemble", invoquant la "nécessité d'une conception correcte du travail" qui soit "chemin de maturation, de développement humain et de réalisation personnelle[3]". Le travail, loin de se limiter à la sphère sociale, procède d'une transformation des milieux de vie, ou plus exactement d'un agencement des ressources et des puissances terrestres. Il interroge en permanence la relation à soi et aux autres, et la relation des humains au reste du vivant. Préserver un accès au travail pour tous, signifiant et non oppressif, c'est tourner le dos à l'*hubris* productiviste, à la recherche systématique du profit pour s'inscrire dans les dynamiques du vivant et préserver les milieux habités.

Partant de ces réflexions, il ne s'agit pas de prôner purement et simplement le retour des activités productives en ville sans se demander comment celles et ceux qui produisent peuvent rester maîtres de leurs processus de travail pour en interroger les modalités et la finalité. Chacun garde en tête ce qui s'est joué avec le mouvement des enclosures anglaises, aux XVIe et XVIIe siècles, quand les terres utilisées collectivement par les communautés paysannes ont été divisées et encloses pour l'élevage ovin par les grands propriétaires afin de répondre à la demande en laine de la proto-industrie du textile. La réduction des surfaces exploitables par les paysans a conduit au premier exode rural et au transfert de main-d'œuvre de l'agriculture et la manufacture. Ce recul dramatique des droits d'usage au profit des droits de propriété se rejouera autrement quand les tisserands eux-mêmes, autrefois maîtres de leurs outils et de leur emploi du temps, se sont trouvés salariés d'une usine, à effectuer des tâches morcelées à un rythme infernal sous l'œil d'un contremaître. Si cette histoire semble lointaine, la question qu'elle nous pose reste pleinement d'actualité : comment organiser en ville des activités de production matérielle où chacun peut rester maître d'un processus de travail pour en interroger la finalité sociale et environnementale ?

Le mouvement des *makers*

L'implantation en ville de petites unités de production, que nous appelons de nos vœux, s'inspire du mouvement des *makers*, apparu aux États-Unis au début des années 2000 et en plein essor aujourd'hui[4]. Phénomène complexe, né de la conjonction entre la philosophie du DIY (*do it yourself*, ou "faire soi-même") et la culture *open source* d'un savoir numérique, il se déploie dans les *fablabs*, *hackerspaces* et autres tiers-lieux, où l'on fabrique, souvent de façon collaborative, des objets sur mesure conçus pour un usage personnalisé. Si les outils sont innovants (imprimante 3D, découpe laser, technologies *open source*...), l'éthique est souvent celle de l'artisanat, du partage de savoir, de la mise en commun, de l'autonomie d'accès aux objets de consommation, loin des diktats du marché de masse et de la standardisation de la production. Les *makers* parlent de relocaliser et d'individualiser les modes de production, et ainsi révolutionner ceux de consommation : en permettant à chacun de concevoir et de fabriquer des objets usuels, en fabriquant les biens en quantité juste et nécessaire, "ils veulent en finir avec la standardisation des objets courants, mettre fin à l'obsolescence programmée des machines, arrêter les délocalisations d'entreprises, réindustrialiser les villes sans les polluer, relancer partout l'artisanat[5]". Il n'est pas anodin que le phénomène se revendique lui-même du mouvement Arts and Crafts, apparu en Angleterre dans la seconde moitié du XIXe siècle[6]. Pour William Morris, son fondateur, il importait de promouvoir les arts décoratifs, *la belle ouvrage*, c'est-à-dire le travail artisanal de qualité en réaction à la fabrication standardisée issue de la révolution industrielle. Mais il s'agissait surtout de créer de petites unités de production susceptibles de concurrencer les industries et entraver leur fonctionnement délétère. Contrairement à Marx, dont la critique de l'exploitation du travail ne remet pas en question le modèle productiviste du capitalisme, Morris concentre son attaque sur la dévitalisation du travail, rendu pénible et insignifiant par sa division et son rendement. Il dénonce les ravages sociaux mais aussi écologiques liés à la production et à la consommation excessives de marchandises. Décroissant avant la lettre, il promeut un idéal de travail fondé sur la collaboration, le partage des ressources et l'économie de moyens pour un mode de vie plus sobre et plus solidaire.

Faire revenir en ville une production agricole ou manufacturière n'est pas chose aisée. Force est de constater qu'aujourd'hui, les ouvriers ont quasiment disparu des grandes villes. À Paris, les ménages sont principalement des "cols blancs" (32 % de cadres supérieurs et 15,6 % de professions intermédiaires pour seulement 5,8 % d'ouvriers et encore 0,1 % d'agriculteurs). Les activités de service ont pignon sur rue, mais la fonction productive demeure invisible. Comment recréer une mixité et un équilibre socioéconomique, une proximité entre les logements, les équipements de service et la fonction productive ? Les tendances les plus prometteuses des *makers* ambitionnent d'y parvenir en court-circuitant les fournisseurs de la grande industrie grâce à une production alliant artisanat et outil numérique, la démocratisation des savoirs auprès des particuliers, la multiplication de petites unités de production créatrices d'emplois.

Dans le même esprit, à la Ferme du Rail, nous avons voulu associer relocalisation de l'activité et réappropriation des moyens de production. Qualité de vie et qualité du travail proposé. Il n'était pas question d'accueillir les résidents en centre-ville pour leur réserver des emplois disqualifiés et disqualifiants. Comme le souligne le philosophe et réparateur de motos Matthew Crawford dans son *Éloge du carburateur*, “la dégradation du travail est une question cognitive, qui s’enracine dans la séparation entre le faire et le penser[7]”. Fabriquer et réparer des objets s’avère souvent plus riche de sens, plus gratifiant qu’une tâche intellectuelle atomisée et déresponsabilisante[8] – les fameux *bullshit jobs* qu’analyse l’anthropologue David Graeber[9]. L’essentiel est de pouvoir *travailler en finalité*, en maîtrisant un processus de A à Z dans un objectif précis et assumé. Quand nous réparons une moto, construisons une commode ou cultivons des légumes, nous savons exactement ce que nous faisons, nous savons pourquoi, comment et avec quels outils. Et quand on parvient à un résultat, nous pouvons légitimement en être fier, car nous en sommes indéniablement l’auteur, et non un maillon anonyme incapable de se situer dans la chaîne de production. Il est évident que cet *ethos* artisanal est plus facile à mettre en œuvre dans des structures à taille humaine. Dans le domaine agricole, par exemple, la quête d’économies d’échelle amène à augmenter la taille des exploitations, puis à recourir à la machine industrielle pour travailler ces surfaces rendant l’agriculteur dépendant d’un outil au coût exorbitant et qu’il ne sait pas réparer. À rebours de cette logique aliénante, la coopérative L’Atelier Paysan repense la souveraineté et l’autonomie du paysan avec la conception d’outils de travail agricole low tech conçus collectivement. Ainsi, les plans et tutos de fabrication et d’entretien de la “chtit-bine”, de l’“aggrozouk” ou du “cultibutte” sont diffusés en *open source* ou font l’objet de formation. En proposant une reprise en main de ces outils par le paysan, L’Atelier Paysan favorise une agriculture d’entraide et de proximité en résistance au modèle destructeur de l’agro-industrie[10].

À la Ferme du Rail, de petites surfaces et une mission de transmission des savoirs permettent de privilégier le temps long et la main-d’œuvre. Tout est lié : quel que soit le domaine, la réintroduction des activités productives en ville n’aura de sens que si elle s’accompagne d’une éthique du travail, elle-même consubstantielle à un fonctionnement en petites unités. Ainsi seulement elle s'écrira sur une page nouvelle, qui ne sera pas un simple retour à la manufacture ou à l'usine d'antan.

Transmission des savoirs maraîchers à la Ferme

Et ailleurs ?

La Ferme du Rail propose un modèle, que nous espérons reproductible. Mais elle ne prétend pas épuiser le sujet. Pour nourrir la réflexion, il est utile de faire un pas de côté, de regarder ce qui s'est pratiqué hier ou ce qui se fait ailleurs. Voici donc, entre autres, trois modèles qui nous semblent inspirants.

Les maisons-tubes de Hanoï

Il existe à Hanoï une typologie d'habitat étonnante, emblématique du vieux quartier commerçant : les maisons-tubes. Ces habitations ont pour particularité d'avoir une façade très étroite : quelques mètres de largeur tout au plus et seulement une ou deux fenêtres donnant sur la rue. Mitoyennes de part et d'autre, elles n'ont pas d'ouverture latérale. En revanche, elles se prolongent en longueur à l'intérieur d'un îlot sur plusieurs dizaines de mètres en successions de patios et bâtis – voire jusqu'à une centaine de mètres pour les plus profondes. Si cet héritage culturel renvoyant à des mœurs séculaires perdure aujourd'hui, c'est que la maison-tube s'est adaptée à la vie commerçante et aux exigences économiques d'une métropole moderne. L'*hybridation des espaces d'habitation et des espaces professionnels* (atelier et boutique donnant sur la rue) confère au quartier une atmosphère inimitable, où conversations et transactions se superposent en une chaleureuse effervescence. Les rues sont envahies d'étals, de bibelots et de mets de toutes sortes, générant un mode de sociabilité spécifique : les gens s'arrêtent, discutent, vont et viennent dans les boutiques, qui restent ouvertes. Le soir, les marchands de soupe et autres brioches farcies sortent des tables et des tabourets devant leur boutique. Les citadins se retrouvent pour fumer une cigarette ou boire un verre.

Ce qui nous intéresse ici, dans cet exemple que nous avons eu l'occasion de développer par ailleurs[11], est d'observer ce qui a permis le maintien, au cœur de la métropole, de tout un vivier de petits artisans et boutiquiers, à savoir la grande mixité fonctionnelle des espaces d'habitation – simultanément commerce et logement, où se mêlent plusieurs générations, où les pièces ont toutes plusieurs usages –, mais aussi la porosité entre l'espace intérieur et la rue, les boutiques se prolongeant au dehors.

L'usage et la typologie des maisons-tubes, ici évoqués, profondément liés à une histoire et à un contexte culturel particuliers, ne sont pas transposables tels quels, mais ils fournissent matière à réflexion sur la possibilité de vivre en ville et de travailler au plus près de chez soi. À rebours de la séparation fonctionnelle des secteurs dédiés à l'habitat et ceux aux lieux de travail imposée par des politiques urbaines amorcées au XIXe siècle qui favorisèrent l'implantation de l'industrie en périphérie. La progressive concentration du capital a peu à peu extrait la production, les ateliers et petites manufactures des centres urbains denses pour les reléguer dans des zones en mesure d'accueillir à bas coût des unités de production d'une autre échelle qui atteindront leur taille critique pendant les Trente Glorieuses. Malgré le déclin progressif de l'industrie française au profit d'une production toujours plus délocalisée, la structuration comme la représentation collective de nos villes restent profondément marquées par cette séparation.

Façade et coupe transversale des maisons-tubes de Hanoï

La ganterie napolitaine

Un deuxième exemple – celui de la ganterie napolitaine – nous montre que relocaliser l'activité productive en ville ne signifie pas forcément la concentrer en un même lieu. Spécialité de Naples depuis le XVIIIe siècle, greffée sur l'industrie locale du tannage du cuir, la fabrication artisanale de gants implique une multitude d'opérations d'une extrême précision : sélection des peaux, teinture, mise en forme, découpe, assemblage, couture de la doublure, chauffage pour travailler l'élasticité… Bien qu'exportée dans le monde entier, cette production de luxe repose en réalité sur cinq ou six entreprises familiales, qui emploient notamment de nombreuses femmes, chacune dédiée à une étape nécessitant un savoir-faire particulier et travaillant à domicile dans le quartier Rione Sanità à Naples. Cette production en réseau, non centralisée, permet, tout en évitant la concentration, de traiter des volumes plus importants que ceux de l'artisan-boutiquier et d'obtenir un résultat d'une extrême qualité.

L'activité horlogère de l'Arc jurassien

Notre troisième source d'inspiration est la figure du paysan horloger de l'Arc jurassien. Dans cette zone transfrontalière entre la Suisse romande et la France, l'activité horlogère s'est développée comme un complément salutaire aux travaux des champs ou d'élevage, fortement ralentis en période hivernale. Au XVIIIe siècle, il n'était pas rare que l'on soit à la fois éleveur, marchand de bestiaux et horloger. Ces fabricants de pendules puis de montres travaillaient en famille, toutes générations confondues, et à domicile – au point de susciter une architecture spécifique : celle des fermes-ateliers caractérisées par de multiples alignements de fenêtres destinées à éclairer les établis. Vers 1870, 60 000 personnes travaillaient encore à domicile dans la fabrication des montres en Suisse. Sur les hauts plateaux du Jura, entre sapinières et pâturages, des dizaines de fermes accueillaient des horlogers indépendants, aux talents plus pointus les uns que les autres : faiseurs d'échappements, polisseurs, monteurs de boîtes, repasseurs, graveurs, guillocheurs…

Ce qui nous intéresse ici, c'est le recours à la polyactivité : non seulement elle a permis à ces paysans de passer l'hiver, mais elle leur a aussi fait acquérir de nouvelles compétences, et ce avec un succès remarquable quand on sait que certains exportaient leur production jusqu'en Espagne ou en Turquie. Cette idée d'une polyvalence professionnelle est une des clés de fonctionnement de la Ferme du Rail : à côté des travaux de maraîchage, les fermiers-résidents s'adonnent à des travaux d'entretien d'espaces verts ou de curage de bâtiments en dehors de la Ferme et à diverses formes d'artisanat (confection d'objets courants zéro déchet en tissu de récup, fabrication de sacs, de meubles en bois, de bougies, de savons...), sans doute appelées à se développer dans les années à venir. Ces productions, équivalant aux travaux d'hiver dans une ferme traditionnelle, constituent une piste intéressante pour affiner le modèle économique et assurer la viabilité de petites unités de production en ville.

Ferme jurassienne de paysans horlogers
avec ses larges fenêtres d'atelier

Dans tous les cas, réintroduire ces filières de production en ville exige une volonté politique forte. Ce que proposent les politiques publiques en termes d'écologie urbaine (améliorer la qualité de l'air, réduire la circulation automobile, créer des parcs et autres espaces verts) est indispensable mais cela n'est qu'un versant du problème. D'où viennent les ressources que les citadins consomment et qu'ils ne produisent pas ? Où vont leurs déchets ? Qu'en est-il du métabolisme ? Tant qu'elles n'interrogent pas leurs liens avec les territoires périphériques, les villes restent tributaires d'une logique productiviste et dépendante des banlieues industrielles. On critique la gentrification, mais quelles sont les mesures publiques volontaires pour qu'ouvriers et artisans travaillent ou demeurent dans les centres-villes ? Réintroduire des filières de production et des populations de "faiseurs" relève de la responsabilité du politique : cela passe notamment par la régulation et la réservation du foncier disponible. Si l'on ne veut pas que les métropoles se réduisent à des villes-musées, de logements Airbnb et d'enseignes commerciales franchisées, les surfaces pour ce type de production en ville doivent être sanctuarisées, quitte à sortir d'une logique de rentabilité immédiate ; offrir des espaces de vente, de logistique, de stockage à des fermes urbaines ou à des PME à même de concurrencer Amazon en proposant un service de proximité. Ces espaces, par ailleurs, doivent être montrés, sortir de l'invisibilité, voire – pourquoi pas ? – devenir des lieux de convivialité, partagés avec d'autres activités. Ces espaces ne sont pas à rejeter en périphérie. Nous devons au contraire imaginer des lieux où s'hybrident les fonctions de logement, de travail, de production et de loisir.

La question de la réintroduction d'une activité productive dans les villes constitue un véritable enjeu écologique global questionnant le sens et la valeur du travail.

Réinstaurer dans les métropoles de petits pôles de production, redonner à voir les fonctions productive et logistique permettront à chacun de mieux comprendre le cycle de vie de la matière et de se sentir davantage concerné en tant que citoyen et citadin. Produire et habiter en ville permet par ailleurs de se réapproprier ses outils de production et la finalité de son travail. Les pistes ne manquent pas : mixité fonctionnelle des bâtiments, travail en réseau, polyactivité.

La Ferme du Rail préfigure ce que pourraient être de petites unités de production disséminées dans le tissu urbain : un écosystème productif, fertile, aux fonctions multiples. Les exemples historiques donnent matière à réfléchir ; à nous tous d'inventer les formes de demain.

5

TROUVER SA PLACE

On l'aura compris à la lecture des précédents chapitres, la question sociale est au cœur de notre conception de l'écologie. Dès les débuts du projet, la Ferme du Rail a été pensée comme un lieu qui allie agriculture urbaine et solidarité. C'est donc avant tout une ferme d'*insertion*, qui accueille des personnes désocialisées, en situation de grande précarité, parfois issues de la rue. Ces résidents, encadrés par l'entreprise Travail et Vie et l'association Atoll 75, vivent et travaillent sur place, où ils cohabitent avec cinq étudiants. En quoi ce modèle d'hébergement social est-il nouveau ? Comment la Ferme remplit-elle concrètement sa mission d'insertion, depuis son architecture jusqu'à son fonctionnement quotidien ? Et, plus largement, quelle est la philosophie qui guide notre démarche ? Telles sont les questions que nous aborderons dans ce chapitre.

Pour un accompagnement global

Arrêtons-nous pour commencer sur la rencontre déterminante avec Yves Reynaud et les équipes de Travail et Vie, Atoll 75 et Bail pour Tous. Échanger avec eux, apprendre de leur approche si spécifique de l'insertion, observer comment ils abordaient sur le terrain l'accompagnement de la grande précarité ont bouleversé nos schémas de pensée sur ces sujets. Dans le champ social, la France privilégie historiquement une approche en silo : souvent traitées de façon cloisonnée, les questions de santé, d'hébergement, de retour à l'emploi prennent rarement en compte les besoins spécifiques et la singularité des parcours de vie. Si cette façon de faire est de plus en plus décriée, précisément pour son manque de transversalité, les évolutions semblent encore lentes.

Au contraire, ces structures, aujourd'hui gestionnaires des espaces agricoles et des hébergements de la Ferme, s'efforcent de proposer un *accompagnement global* et sur mesure de la personne, sans dissocier les questions de logement, d'activité et de suivi social : on ne

Au Coin de Malte, le restaurant d'Atoll 75

se contente pas, notamment, de reloger les personnes sans se soucier de savoir comment elles vont travailler, ni de leur fournir un travail en ignorant la question de l'habitat. L'association Atoll 75 gère plusieurs lieux d'hébergement, tel le *Coin de Malte,* dans le 11e arrondissement, qui préfigurait la volonté de ceux qui ont porté la Ferme de banaliser l'accueil d'insertion et de sortir du modèle institutionnel. En effet, au pied de cet immeuble que rien ne distingue de ses voisins se trouve un restaurant de quartier tenu par l'association et où les personnes en pension d'insertion prennent leurs repas quotidiens avec les habitants des alentours. Aux côtés d'Atoll 75, Travail et Vie, entreprise d'insertion, propose depuis plus de trente ans aux personnes très éloignées de l'emploi et souvent issues de la rue un retour progressif au travail salarié au travers de différentes activités : blanchisserie, espaces verts, débarras et petits travaux du bâtiment.

Pour ce faire, il s'agit de remobiliser sans attendre sur un projet concret. Au lieu de "faire l'objet" d'une action sanitaire et sociale, de "bénéficier" d'une aide institutionnelle à l'issue d'un bilan administratif, les personnes accompagnées deviennent tout de suite les actrices d'un chantier ou d'une mission. Là où on a besoin d'elles, elles se rendent tout de suite utiles. Plus qu'un programme d'accompagnement social, il s'agit d'un parcours de vie. À rebours d'une posture d'assistance, cette démarche entend favoriser le retour à la vie sociale, avec une mise en activité et une implication immédiates.

Ces structures avaient aussi une approche tout à fait atypique de l'encadrement social. Comme ce qui a été expérimenté de façon proprement révolutionnaire en 1953 à la clinique du Dr Jean Oury, à La Borde – où, selon les principes de la psychothérapie institutionnelle, soignants et patients gèrent ensemble toutes les questions matérielles et organisationnelles relatives au lieu de soins[1] –, les éducateurs *font avec* les personnes hébergées ou remises en activité – que ce soit le ménage et l'entretien dans les centres d'hébergement ou les divers travaux qui leur sont proposés. Cela opère un vrai déplacement, une grande humanisation du processus – renforcée par le fait que Travail et Vie est une petite association, plus souple que les grosses structures. Les personnes en reconstruction ne sont pas simplement "placées" dans une entreprise mais reçoivent un accompagnement sur mesure par des encadrants qui partagent avec elles les mêmes activités et conditions de travail.

Penser ensemble travail et habitat, proposer un accompagnement individualisé mais global, remobiliser par le travail, redonner de l'âme aux lieux en refusant le principe selon lequel, parce qu'un bâtiment est destiné à un usage social, il est voué à être froid, sanitaire et inesthétique, inciter les personnes accueillies à s'approprier leurs lieux de vie : tel est, en matière d'insertion, le credo de ces structures de l'insertion – qui a tôt fait de devenir également le nôtre.

Vivre et travailler ici

En élaborant ensemble le programme de la Ferme, nous voulions pousser un cran plus loin cette démarche : permettre aux personnes accompagnées lorsqu'elles le souhaitaient d'habiter et de travailler *au même endroit*. C'était là un véritable défi, y compris pour les éducateurs de ces structures. Mais nous étions convaincus que cette approche permettrait à la fois de prendre en compte les besoins spécifiques des futurs habitants en termes de logement et d'habitat, et *in fine* de banaliser leur présence dans le quartier – gage s'il en est d'une insertion effective. L'idée est que le travail des résidents s'insère peu à peu dans la vie du quartier, de même que leur lieu de vie, qui cessera dès lors d'être étiqueté "hébergement social". C'est ainsi que l'on crée une adresse, au double sens du terme : un chez-soi, un lieu où recevoir son courrier mais aussi une place qui fait de vous un interlocuteur comme un autre, vers qui l'on peut se tourner. Mais attention, on ne retrouve pas cette place uniquement par l'habitat ni uniquement par le travail : les deux sont nécessaires. L'abbé Pierre en eut l'intuition lorsqu'il crée le mouvement Emmaüs en 1949. Si ce dernier s'est depuis ramifié en plusieurs branches, à l'origine les compagnons d'Emmaüs constituaient essentiellement des communautés de travail et de vie, animées par une conviction : pour

Le bâtiment d'hébergement de la Ferme qui domine le potager

lutter contre l'exclusion, il ne suffit pas de fournir un logement, il faut permettre aux gens de reprendre leur vie en main par l'activité. Et pas une activité par défaut. Une mission des plus dignes, qui assure l'indépendance financière du mouvement. Notre projet se démarque pourtant de ce modèle souvent rural et périurbain en ce qu'il revendique une intégration au sein de la ville dense.

Forts de ces convictions, nous nous lançons dans une phase de conception de bout en bout concertée avec l'équipe d'éducateurs et Yves Reynaud, afin d'adapter les bâtiments d'habitation au public spécifique en grande précarité, et d'articuler au mieux ces espaces de vie aux espaces de travail. Chez Travail et Vie, on sait d'expérience qu'une personne qui vient de la rue, ou du moins qui a connu longtemps l'errance, a un réflexe d'isolement, d'évitement de la collectivité. Il fallait absolument respecter cela. Nous n'avons donc fait aucune concession sur l'espace entièrement privatif de la chambre non plus que sur l'intimité nécessaire aux soins du corps. L'idée d'une salle de bain commune, par exemple, a très vite été écartée. Même si, dans un petit bâtiment, créer vingt salles de bain est peu écologique, il n'était pas question d'y renoncer. Le respect de la dignité et de l'intimité de la personne passait avant tout.

Cette démarche *ad hoc*, nouvelle pour nous, l'était aussi pour les éducateurs, qui investissaient jusqu'alors des centres d'hébergement et de réinsertion sociale (CHRS) au sein de bâtiments existants, où il faut faire avec l'espace tel qu'il était et le mobilier déjà présent – même si l'on peut toujours bricoler pour s'approprier les lieux. Là, à l'aide de plans, de maquettes, de prototypes, nous sommes repartis de zéro, incitant chacun à se faire l'écho des besoins et des envies des futurs résidents. Bien entendu, nous avions des contraintes, à commencer par celle de la surface disponible – exiguïté de la parcelle, largeur limitée du bâtiment due aux immeubles voisins. Cependant ces ateliers d'échange libre où architectes et éducateurs s'enseignaient mutuellement leur pratique ont permis de concevoir ensemble l'aménagement de la chambre et son articulation avec les espaces communs jusque dans ses moindres détails. Au travers des récits se dessinaient des gestes quotidiens, des corps parfois fatigués qui se protègent du regard de l'autre ou de son propre reflet dans un miroir. Il s'agissait de leur donner place en dimensionnant une fenêtre, une porte, une table, une assise dans la douche, en positionnant le lit, la télé, la façon dont on accueillera les amis. Tout a été réinterrogé, pesé dans un dialogue constant avec les futurs usagers ou leurs représentants. Sont ressortis de ces échanges préparatoires quelques points saillants qui ont guidé le dessin des lieux.

Nous avons eu à cœur de *préserver l'intimité* : chaque chambre bénéficiant d'une baie vitrée, la question d'être vu en façade n'était pas anodine, d'autant que le potager est situé juste en dessous du bâtiment et que nous pressentions qu'il y aurait du passage pour aller au restaurant. Les baies s'ouvrent sur des coursives qui accueillent des espaces de culture (plants de tomates notamment). L'intention a été ici d'utiliser cette végétation comme un rideau. Ce filtre organique et productif protège à la fois du soleil (nous sommes plein ouest) et des regards indiscrets. Un exemple d'hybridation des fonctions, à rebours des projets où la végétation, installée à des fins ornementales, ne dure guère sans recours à un entretien coûteux et externalisé.

Nous avons prêté une attention particulière aux rangements. Si tous les résidents ne viennent pas de la rue, la plupart ont été privés d'un logement digne depuis des années. Il est bien impossible de réduire le public issu de la rue à un comportement unique car il renvoie à une grande diversité d'histoires de vie. Cependant la relation aux biens personnels représente presque toujours pour eux un enjeu. Certains arrivent avec à peine un mouchoir en poche ; d'autres (souffrant parfois du "syndrome de Diogène") avec des dizaines de sacs. N'osant pas s'installer, conscients de ne pas être là pour longtemps, ils souhaitent souvent garder avec eux des contenants : sacs, valises, etc. Nous avons fait en sorte que ce soit possible, en concevant l'armoire de la chambre comme le premier espace à soi, y ménageant des recoins où ranger ce qui ne sert pas tous les jours – en plus d'une place pour les chaussures, d'une penderie, d'une petite bibliothèque. L'armoire a ensuite fait l'objet d'une maquette testée et validée par les éducateurs. Mener cette réflexion sur un meuble banal et d'habitude ultra-standardisé témoigne bien du cœur de la démarche : l'attention au vécu des personnes, à leur relation complexe aux objets et aux espaces.

Prenant le contrepied des logements sociaux normés, nous avons misé sur une *personnalisation de l'espace* – un objectif qui s'est trouvé rejoindre la logique de réemploi et de récupération de matériaux (voir chapitre 7). Par exemple, le travail de collecte et de réagencement par Marine Kerboua, architecte qui rejoignait tout juste notre coopérative Grand Huit, de fin de stocks dépareillés pour les carreaux des salles d'eau a permis de dessiner un calepinage différent pour chacune d'elles, conférant à chacune une identité propre. Dans le même esprit, Alfredo, un éducateur accompagnant le projet, a proposé aux résidents un atelier de menuiserie pour fabriquer du petit mobilier à partir de bois de récupération : en façonnant de leurs mains et en installant dans leur chambre ces tables, portemanteau, vide-poche et autres tablettes sur mesure, les résidents se sont d'autant mieux approprié l'espace de leur nouveau logement.

L'architecture de l'ensemble du lieu obéit à une progression par paliers allant *du plus privé au plus public*. Comme le rappelle Yves Reynaud, "la Ferme est composée d'espaces où l'on peut être ensemble, mais aussi être seul et à l'abri. Nous faisons le pari de proposer un espace collectif ouvert aux autres et un espace intime où l'on peut se ressourcer et se reconstruire". Cette organisation des lieux vise à accompagner le processus de resocialisation des personnes accueillies. La sortie de l'exclusion passe aussi par cela : retrouver un collectif, du social, des échanges avec un groupe ou différents types de groupe. Lorsqu'on a été isolé longtemps, tout cela ne peut se faire du jour au lendemain. Il faut prendre le temps. C'est le rôle des salles communes présentes à chaque étage du centre d'hébergement que de servir de sas, d'espace intermédiaire entre l'intimité de la chambre et la collectivité de la Ferme, entre le chez-soi privé et les espaces ouverts comme les jardins et le restaurant. Cette salle commune où les cinq résidents d'un même étage peuvent se retrouver et cuisiner ensemble, sur un modèle de colocation, a été arrachée de haute lutte aux financeurs, qui préfèrent classiquement attribuer les mètres carrés à des studios avec kitchenette.

Le Passage à niveau, la porte d'entrée de la Ferme
depuis la Petite ceinture

Il existe un autre espace commun à toute la Ferme : la pièce située au rez-de-chaussée de l'autre bâtiment, celui dévolu aux activités. Centre névralgique de la Ferme, où les plannings sont affichés, où l'on se réunit le matin pour se répartir les tâches, où l'on s'occupe de la transformation des légumes, cette salle et sa terrasse ont été rapidement investies. Pendant toute la période du premier confinement et avant l'ouverture du restaurant (au mois de juin 2020, soit six mois après l'installation des premiers résidents), les habitants s'y retrouvaient pour les repas quotidiens. Les confinements successifs ont fini d'ancrer l'appropriation par tous de ces lieux.

Dernier palier vers le plus public : *Le Passage à niveau*, restaurant où les résidents prennent aujourd'hui leur repas, conformément à un contrat annuel passé entre les associations et les restaurateurs. Comme n'importe quel client, ils y dégustent le menu du jour et se mêlent à eux sans distinction. À la différence que certains d'entre eux ont fait pousser les légumes que l'on trouve dans l'assiette. Les restaurateurs jouent le jeu, même si la relation avec les résidents se construit lentement, bousculée par la fermeture ponctuelle du restaurant à cause de la pandémie de Covid-19. Un éducateur témoigne : "Le lien avec les restaurateurs s'est tissé pendant l'été 2020, il est crucial, au cœur de l'écosystème de la Ferme." Certains résidents avaient par exemple pris l'habitude de les aider à installer la terrasse avant chaque service : un début de lien qui a dû s'interrompre avec le confinement et devra être retissé. S'ils n'ont pas d'expérience particulière de l'insertion, les restaurateurs ont l'avantage de très bien connaître le quartier, où ils ont tenu pendant des années un bar historique du 19e, le *61*. Depuis son ouverture, *Le Passage à niveau* peut se vanter d'un beau succès : il attire familles du quartier, promeneurs de la Petite ceinture, ou acteurs divers de l'économie sociale et solidaire, qui pour certains en ont fait leur QG. Une fréquentation qui a réjoui certains résidents : "Quand le resto a ouvert, c'était bien, il y avait plein de monde. J'aidais à monter la terrasse. Voir du monde, ça fait du bien. La solitude tue plus qu'on ne croit, surtout dans la tête." Tandis qu'un éducateur appelle à la vigilance quant à la frontière privé/public : "La question du cloisonnement et de l'intimité s'est posée sérieusement. On savait que ça pourrait être un peu le « zoo » parfois, la Petite ceinture étant un lieu de balade, mais on ne s'était pas douté qu'il pourrait y avoir autant de monde à la Ferme. Ça a pu nourrir le sentiment de persécution de certains résidents, surtout après une période à vivre sous cloche. C'est un sujet auquel on réfléchit beaucoup. S'il n'est pas question de construire des barrières, on a installé une ficelle pour démarquer les espaces publics des lieux privés."

Non seulement la conception des bâtiments s'est faite dans un souci constant des besoins spécifiques des usagers, mais ceux-ci ont également été impliqués dans l'aventure le plus en amont possible. Encore une fois avec l'idée d'en finir avec un rapport passif d'assistance. Cette implication passe évidemment par le fait de payer un loyer, si modeste soit-il, et, comme nous l'avons vu, de participer aux tâches d'entretien du lieu. Elle vient aussi du fait que des activités d'insertion ont été proposées aux futurs résidents devenus ainsi acteurs du chantier.

"Quand on regarde la Ferme aujourd'hui, on a l'étrange impression qu'elle existe depuis longtemps", rappelle Yves Reynaud. C'est effectivement une remarque que nous font souvent les visiteurs de la Ferme : on dirait que les gens ont toujours été là. D'une certaine façon, c'est le cas. Ils étaient bien là en amont de leur installation dans les chambres proprement dites. L'activité de compostage, par exemple, a été initiée par Travail et Vie avant même le début du chantier. Elle a continué sur le chantier pendant la durée des travaux. De futurs résidents, entre autres, ont ainsi assuré la collecte et la préparation des sols de la Ferme très en amont, de sorte que les jardins ont pu être créés et la production démarrée sur la Petite ceinture avant même la livraison des bâtiments, sans perdre une saison de plus pour la mise en route des cultures. En outre, cette activité précoce de compostage et sa collecte de déchets organiques à vélo ont permis de créer les liens avec tout le quartier.

Par ailleurs, un certain nombre de tâches du chantier ont été attribuées à Travail et Vie. L'entreprise s'est ainsi chargée de l'aménagement extérieur de tous les jardins jusqu'aux abords de la Petite ceinture : plantations du potager et du verger, création de jardinières, délimitation et modelage des allées, érection des murs en pierres sèches, mise en place des terrasses et des bassins ou encore du cheminement de l'eau d'arrosage. Elle s'est également chargée de la vie quotidienne et de l'entretien du chantier. À ce titre, elle a non seulement construit les clôtures et installé les containers destinés aux cuisines, aux sanitaires, aux vestiaires – véritable centre névralgique de la vie de chantier –, mais l'a aussi ouvert aux habitants et aux jardiniers du quartier en organisant de nombreuses visites. Pour les futurs résidents, ce fut une formidable occasion de s'approprier les lieux, en une inversion des rôles : les accueillis devenaient accueillants à leur tour. Enfin, s'étant vu attribuer les travaux de peinture, les ouvriers de Travail et Vie ont œuvré aux dernières finitions avant livraison : autant dire qu'ils étaient déjà dans les murs !

De la sorte, la livraison du bâtiment n'a pas été un moment de rupture, comme c'est souvent le cas. Généralement, quand un logement social est livré, les habitants y sont "parachutés", parfois un peu brutalement. Dans le cas de la Ferme du Rail, il y a eu continuité, voire superposition des étapes : la mise en activité, la finition du bâtiment et l'installation. Si certaines personnes ayant travaillé sur le chantier ont quitté la Ferme depuis, d'autres sont là dès l'origine, qui ont littéralement fait sortir de terre leur futur lieu de vie.

Éloge de la permanence

Cette façon d'associer très tôt les futurs usagers, d'investir et d'ouvrir le chantier évoque la notion de "permanence architecturale". De quoi s'agit-il ? En 2011, Patrick Bouchain engage à Boulogne-sur-Mer un programme expérimental sur le logement social : il s'agit de coproduire le projet architectural avec les habitants en partageant leur quotidien[2]. Manger, dormir, séjourner sur le lieu même du chantier au plus près des habitants permet de comprendre au mieux les contraintes et les besoins des usagers. Dans le cadre de ce projet, l'architecte Sophie Ricard a vécu deux ans au sein même du quartier qu'elle avait pour mission de réhabiliter[3]. Si la permanence architecturale possède aussi souvent une dimension festive et créative héritée des friches culturelles, qui nous ressemble moins, nous reprenons à notre compte l'idée d'être au plus près de la demande, d'accompagner des personnes qui participent elles-mêmes à la construction de leur lieu de vie.

Un employé de Travail et Vie à l'œuvre dans les jardins

En s'appropriant un espace qu'ils ont contribué à façonner, les résidents deviennent véritablement les gardiens du lieu. Ils participent à son fonctionnement, son entretien et sa pérennité. Mais il y a plus : consacrer du temps et de l'énergie à fabriquer ses meubles ou à cultiver le potager de la Ferme, c'est aussi une manière de prendre soin de soi. On peut penser ici à Martin Heidegger quand il nous rappelle que cultiver signifiait autrefois "entourer de haies et entourer de soins[4]". Il y a là deux idées fécondes pour penser une philosophie de l'accueil : d'une part, la haie ne vise pas à enfermer ou à interdire mais elle permet aussi au vivant d'éclore et de grandir, aux personnes vulnérables d'advenir à elles-mêmes et aux autres à l'intérieur d'un espace protégé – où l'on rejoint toute la réflexion sur la frontière entre privé et public à la Ferme du Rail. D'autre part, s'investir dans la fabrication de son habitat et dans les activités de maraîchage détermine notre mode de relation avec le lieu. Le soin mis à la production des espaces permet à ces derniers, en retour, de prendre soin de nous. Ainsi, il nous plaît à penser que les conditions ayant présidé à la naissance de la Ferme du Rail, le temps passé à concevoir des espaces appropriés aux personnes accueillies et l'implication de ces dernières dans leur réalisation ont facilité l'acclimatation des résidents, l'apprivoisement de leur nouvel habitat et du quartier.

Des étudiants à la Ferme

Outre le principe d'une hybridation des usages (lieu de vie *et* de travail), nos discussions avec Travail et Vie et Atoll 75 ont fait émerger la nécessité d'une mixité des publics. D'où l'idée de créer, parallèlement aux 15 chambres destinées aux fermiers en insertion, 5 chambres étudiantes. Ainsi, la proposition répondait à la fois aux besoins toujours plus importants en dispositifs d'hébergement social et à la pénurie de logements bon marché pour les étudiants parisiens.

Les étudiants accueillis à la Ferme, pour une durée maximale de deux ans, sont issus de l'École du Breuil (École d'horticulture de la Ville de Paris), de l'École des ingénieurs de la Ville de Paris (EIVP) ou encore de l'École d'architecture du 19e. Si nous avons choisi après réflexion de ne pas mêler au sein d'un même étage les deux types de public accueillis et de réunir les chambres étudiantes au dernier étage, il reste que tous les résidents sont hébergés à la même enseigne, sont soumis aux mêmes obligations et bénéficient des mêmes aménités. Comme les autres résidents et d'après les termes de la convention d'occupation des logements, les étudiants s'engagent, en échange de la garantie d'un loyer maîtrisé, à participer aux travaux de la ferme en collaboration avec les personnes hébergées : entretien des bâtiments, travail au potager, etc. Ils ont notamment été très impliqués dans la mise en place des jardins au printemps 2020.

L'intérêt d'un passage par la Ferme du Rail pour ces futurs architectes, ingénieurs ou agents de la Ville de Paris – jardiniers ou cadres en charge de la voirie, de l'aménagement et autres questions d'urbanisme – semble évident : ils font l'expérience, au plus près et sur la durée, de ce que peut être un espace vert en ville qui ne soit pas purement ornemental mais aussi partiellement nourricier. Implanter cette culture-là chez des jeunes qui feront les villes de demain, c'est déjà œuvrer à la transition des métropoles. Ferme est pour eux un formidable terrain d'expérimentation, complément concret à leur apprentissage, comme en témoigne Yukio, 22 ans, étudiant à l'EIVP :

"Je me suis installé avec les autres étudiants le 18 janvier, j'étais très enthousiaste. Je quittais le cocon familial et le projet m'intéressait beaucoup. La Ferme concentre un certain nombre de sujets « à la mode » en matière d'architecture, comme la construction en bois, l'agriculture urbaine... Le tout reposant sur un projet social et avec l'idée de réinvestir des friches. [...] On a mis du temps à identifier la manière dont nous, les étudiants, pouvions concrètement aider au quotidien. On a trouvé le rythme en s'impliquant sur le compost, de petits travaux à la ferme... Avec le recul, ce fut une année très enrichissante. Je mesure ma chance. [...] La plus grande réussite selon moi, c'est l'aspect social. Quand j'écoute les résidents raconter comment ça se passait pour eux avant la Ferme, je réalise ce que l'espace dégagé ici leur apporte comme confort de vie. Cette expérience me sert de leçon tant sur l'aspect architectural, social, qu'écologique et agricole."

Les étudiants participent à la création des cultures

Comme l'illustrent bien ces propos, les échanges entre résidents et étudiants ont lieu dans les deux sens. Les étudiants arrivent avec leurs connaissances, leur savoir-faire horticole, qu'ils partagent avec les habitants de la Ferme et le personnel de Travail et Vie. Inversement, les étudiants bénéficient grandement de l'expérience du travail social des éducateurs et de la proximité avec une réalité sociale qui leur est le plus souvent inconnue. Où l'on rejoint la philosophie de Samuel Mockbee, le fondateur déjà cité du Rural Studio, qui ancrait l'engagement politique de ses étudiants non dans des cours mais dans l'expérience concrète et partagée de la précarité sociale et environnementale. En école d'architecture, d'urbanisme ou de paysage, les jeunes reçoivent des formations brillantes mais en étant rarement mis au contact des réalités sociales. Comment s'étonner ensuite qu'ils ignorent dans leur pratique professionnelle, y compris dans leurs approches écologiques de l'architecture, les problématiques liées à l'exclusion et à la précarité ?

Pour une écologie de la relation

L'écologie que nous défendons est une écologie de la relation, nourrie par l'éthique du "care" qui met l'accent sur la vulnérabilité, l'attention et le soin portés aux autres et aux milieux de vie. La politologue et féministe Joan Tronto définit le care comme une "activité caractéristique de l'espèce humaine, qui recouvre tout ce que nous faisons dans le but de maintenir, de perpétuer et de réparer notre monde, afin que nous puissions y vivre aussi bien que possible. Ce monde comprend nos corps, nos personnes et notre environnement, tout ce que nous cherchons à relier en un réseau complexe en soutien à la vie[5]". Cette approche du care est intéressante à plus d'un titre. D'abord, et contrairement à d'autres lectures, Tronto ne fait pas du soin une caractéristique exclusivement féminine bien que nombre de femmes assurent les métiers du soin. C'est une disposition et une pratique que chacun de nous peut exercer dans une grande variété de situations. Ensuite, elle ne dissocie pas les enjeux sociaux et environnementaux de la vulnérabilité. On pourrait objecter, et à juste titre, que le soin implique une relation asymétrique entre la personne qui le dispense et celle qui le reçoit. Ou encore que le soin implique une vision anthropocentrée dans laquelle l'humain prend en charge le reste des vivants. On risquerait alors de tomber dans une forme d'écomaternalisme. Telle n'est pas notre conception. Le vivant ne segmente pas, ne se hiérarchise pas. C'est pourquoi nous proposons d'envisager le care non comme "une relation de soin" mais comme "un soin de la relation". Il s'agit avant tout de prendre soin de la relation elle-même comme une condition de la vie sociale et de l'habitabilité du monde. Et plus encore : comme la possibilité d'être sensible aux autres êtres vivants dont les relations tissent la trame de nos existences. C'est ce qui conduit Joan Tronto à conférer à l'architecture un rôle central, pour autant qu'elle parvient à recréer du lien. "Au-delà des idées de « ce que veut le client », et même de l'architecture « verte » ou « durable », au-delà de l'idéal de construire un bel objet, nous avons maintenant besoin d'une architecture qui remplisse les tâches fondamentales du partage des responsabilités pour prendre soin de notre monde, une architecture sensible aux valeurs de réparation, de préservation, de maintien de toutes les formes de vie sur la planète elle-même[6]."

La Ferme du Rail, nous l'avons vu, ne relève pas d'une architecture d'objet en quête de performance mais cherche au contraire à s'ouvrir sur son quartier et son territoire. Seuls les liens tissés – avec les choses, avec les autres, avec le vivant – sont à même de créer de l'implication. Pour reprendre l'opposition développée par Bruno Latour entre *"matter of fact"* et *"matter of concern*[7]*"*, le savoir seul ne suffit pas à susciter une réelle sollicitude. Pour passer des connaissances à l'action, il faut faire l'expérience des choses, il faut qu'il y ait un lien. Comment aimer l'humanité tout entière sans avoir d'abord aimé un proche ? Comment défendre la nature sans avoir d'abord noué un lien particulier avec les plantes ou les animaux qui nous entourent ? Il est de même très difficile d'intégrer les questions d'insertion à l'exercice de son métier si l'on n'a jamais côtoyé la grande pauvreté. La vulnérabilité, l'attachement, les liens d'interdépendance caractérisent une condition commune aux humains et à tous les vivants mais ils ne se conçoivent pas abstraitement. Ils ne peuvent qu'être singulièrement éprouvés et partagés collectivement pour signifier quelque chose. C'est pourquoi il importait que les étudiants accueillis à la Ferme façonnent les jardins et réalisent les premières productions avec les résidents en insertion. Ils ne sont pas arrivés après coup en simples observateurs. Le témoignage de Providence, étudiante de l'École du Breuil arrivée à la Ferme en septembre 2020, est parlant : "J'ai mis du temps à me sentir à l'aise et à m'impliquer avec les résidents qui viennent de la rue. Au fond, j'avais plein de présupposés. Je n'étais pas naturelle, j'évitais les interactions. Avec le contact des éduc', j'ai compris que j'avais peur. J'ai voulu dépasser ça. Les temps communs, les repas passés ensemble, me l'ont permis. J'ai trouvé ma manière de fonctionner, je n'ai plus du tout d'appréhension avec les nouveaux arrivants." Cette rencontre a enrichi la jeune femme, elle aussi a trouvé sa place au sein de cette mixité. Jusqu'à ce que, au fil du temps, la relation se banalise, jusqu'à ce que ces questions – comment se positionner, comment apprivoiser l'autre ? – ne se posent même plus. Les résidents deviennent des voisins comme les autres, de même que la Ferme n'apparaît plus comme un hébergement social mais devient une adresse comme une autre.

Former aux métiers verts

Si les résidents n'ont pas vocation à passer leur vie entière à la Ferme, du moins en sortiront-ils avec de nouvelles compétences. C'est là un autre aspect positif du modèle d'insertion mis en œuvre : la Ferme du Rail est formatrice et créatrice de métiers de jardiniers et de composteurs. Comme nous l'avons vu, dans une perspective de responsabilisation collective, les résidents sont amenés à cultiver et récolter les productions, à assurer la bonne marche de la collecte des déchets organiques et des invendus, à alimenter, retourner et entretenir le compost puis à en amender les sols et les jardinières de culture. C'est une véritable formation par la pratique, dans un domaine porteur. En effet, le secteur de l'entretien des espaces verts est l'un des rares à connaître le plein emploi, voire une pénurie de main-d'œuvre sur certains territoires : en Île-de-France, en tout cas, le développement des espaces verts, couplé aux politiques zéro phyto, génère une augmentation des besoins de main-d'œuvre. Dès lors, ces métiers offrent le double avantage d'être à la fois valorisants pour les personnes et de constituer une promesse de débouchés.

Certains de ces métiers, comme maître composteur ou collecteur de déchets verts à vélo triporteur, sont des inventions récentes, liées au développement des circuits courts et de l'agriculture urbaine ; à n'en pas douter, d'autres verront le jour dans les années qui viennent. En 2020, treize personnes ont été salariées ou accompagnées dans leur parcours de réinsertion par Travail et Vie au sein des activités de la Ferme. Cette association renforce depuis plusieurs années ses partenariats avec des sociétés d'entretien de jardins, favorisant ainsi le développement de passerelles entre les dispositifs de réinsertion et de formation et l'accès à un emploi classique.

La préparation des semis dans la serre de la Ferme

Ces tâches proches de la nature confiées aux résidents-fermiers sont par ailleurs une source d'apaisement favorisant la reconstruction. De nombreuses études ont montré les vertus thérapeutiques des pratiques horticoles. Le simple fait de s'occuper d'une plante fait passer la personne dépendante du statut de "soigné" à celui de "soignant", renforçant ainsi l'estime de soi. Prendre soin du vivant, retrouver le rythme des saisons, est facteur à la fois de sérénité et de connexion à son milieu de vie, comme on le lit entre les lignes de ce témoignage d'un résident : "Moi j'aime bien la serre. J'y vais tous les matins. Je regarde, il y a les fleurs, ça dépayse. Je m'occupe parfois du compost, je prends les seaux des gens du quartier, je leur en donne un neuf, je lave le vieux." Agir sur leur cadre de vie et interagir avec le quartier donnent un véritable sens à la tâche accomplie.

Si la Ferme du Rail s'efforce de proposer un hébergement social inédit et innovant, c'est avec une conviction : faire la ville autrement, c'est aussi donner une place à des personnes en grande précarité, leur permettre d'habiter au cœur des métropoles et de travailler dans le quartier où elles vivent. C'est pourquoi les bénéficiaires de la Ferme ont été au centre des préoccupations, depuis la conception jusqu'au fonctionnement quotidien actuel du lieu, en passant par le temps du chantier – en une dialectique permanente entre l'intérêt personnel et le bien commun. Comme le rappelle Yves Reynaud, "ce lieu est le résultat des désirs communs des architectes, des acteurs sociaux, des éducateurs, des usagers, des riverains, de créer un écosystème où le collectif, la communauté, est une source de liberté et d'autonomie".

Les architectes, comme les philosophes de l'architecture, ont toujours porté une grande attention à la question de l'habitat et de l'habiter[8] mais se sont peu intéressés à celle du travail. Comme si l'art des établissements humains se limitait aux seuls bâtiments, comme ces derniers suffisaient à nous établir dans le monde et à le rendre habitable. Collaborer avec Travail et Vie a profondément modifié notre vision sur ce point : s'inscrire dans la société, et plus généralement dans son milieu, passe non seulement par le logement mais aussi par l'activité. L'un ne va pas sans l'autre et les deux ne devraient pas être dissociés. Cette exigence sociale, loin de s'appliquer aux seules personnes en insertion, concerne chacun de nous. Elle entre en résonance avec les grands bouleversements écologiques. Confrontés au réchauffement climatique, à la disparition massive des espèces, aux migrations forcées et à l'accroissement des inégalités, nous sommes de plus en plus nombreux à lutter pour des places qui ne sont plus garanties. La précarité, dont certains se pensaient à jamais protégés, est désormais un horizon partagé, aussi bien par les humains que par le reste des êtres vivants. Dans ce monde incertain et abîmé, *trouver sa place* n'a jamais été aussi difficile. Il y a là matière à réflexion : non pas, comme le souligne très justement Marielle Macé, "pour prendre place, se faire une petite place là où ça ne gênerait pas trop, mais pour accuser ce monde de places – de places faites, de places refusées, de places prises ou à prendre[9]". Il est urgent d'envisager d'autres façons de travailler et d'habiter plus solidaires et plus pérennes, de partager le monde que nous avons en commun. Faire place aux plus vulnérables, leur porter attention et considération, leur reconnaître un vrai droit de cité, est certainement une façon plus belle de trouver la sienne.

6

COMPTER AUTREMENT

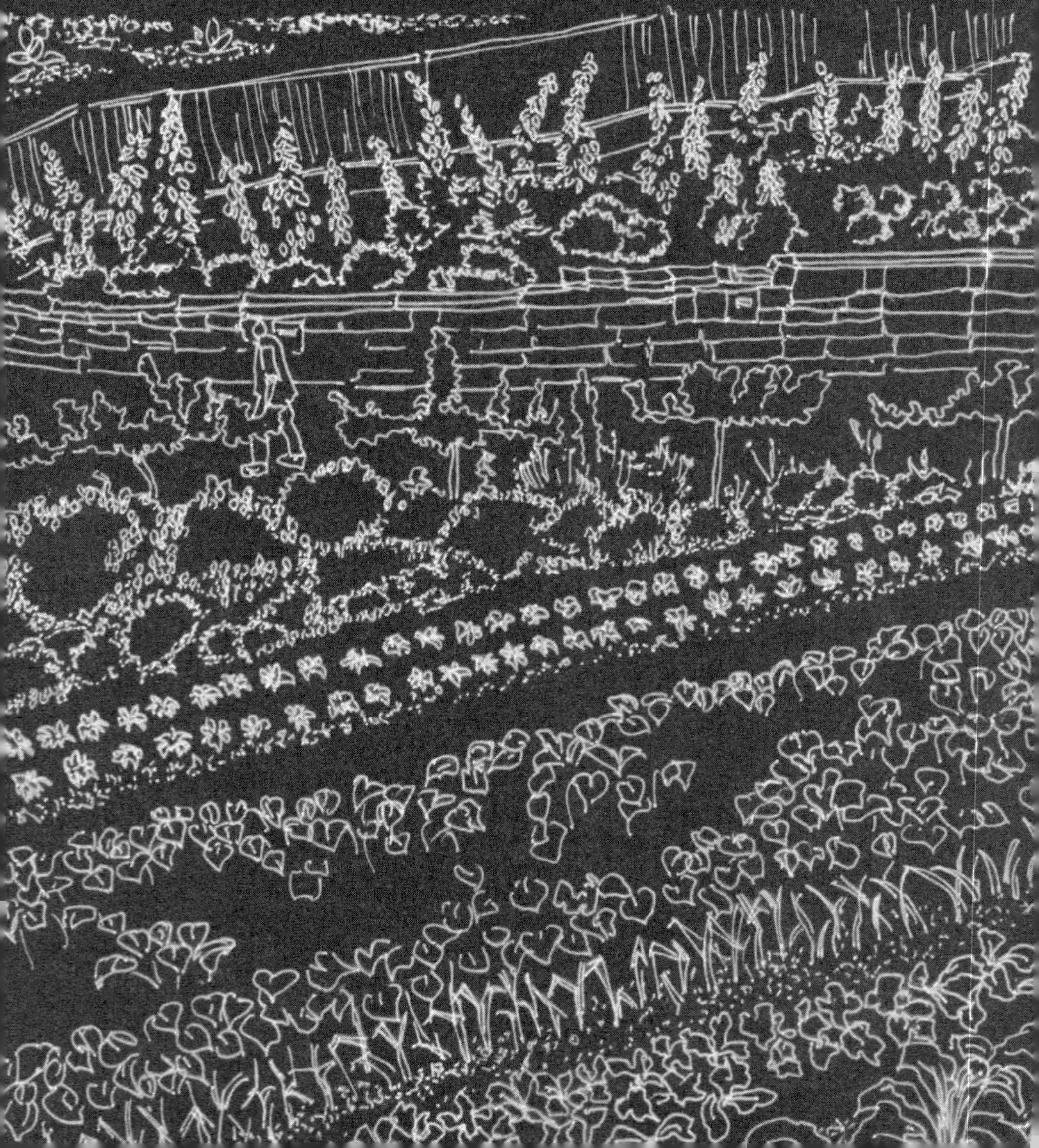

"Combien ça a coûté ?"
"Quel investissement cela a-t-il représenté ?"
"Quels ont été vos modèles de financement ?"
Ce sont là des questions qui nous ont souvent été posées au sujet de la Ferme, laissant entendre que les dimensions écologiques et sociales des projets sont financièrement peu compatibles. Comme si l'habitat durable devait être réservé aux opérations privées de riches propriétaires ou d'autoconstructeurs militants.

Pour alimenter le débat, ce chapitre s'efforcera de donner un aperçu du montage financier ayant permis à la Ferme du Rail de voir le jour. Ce sera l'occasion de pointer la difficulté structurelle à financer ce type de projets alternatifs. Et surtout d'en appeler à sortir d'une logique purement comptable ne valorisant que le produit fini, pour substituer la notion de "valeur" à celle de "coût".

Des difficultés de financement

Les projets alternatifs relevant de l'économie sociale et solidaire sont, de façon générale, difficiles à financer. Des filières de financement spécialisées se sont néanmoins créées au fil des années, notamment *via* l'épargne salariale solidaire et les fonds d'investissement à impact. Sur l'immobilier, des foncières spécialisées sur le logement très social, à destination des publics les plus fragiles accompagnés par des associations, lèvent des fonds auprès de particuliers ou d'investisseurs institutionnels pour qui la finalité sociale prime sur le rendement financier. Néanmoins, les montants restent marginaux par rapport aux financements classiques de l'immobilier et la plus grosse partie de ces fonds adresse la question du logement mais beaucoup moins celle des locaux d'activité, des tiers-lieux, des infrastructures propres à l'ESS. Cela pour plusieurs raisons : d'une part, les financeurs classiques de l'immobilier, en quête de retours sur investissement à court ou moyen terme, ne se pressent pas au portillon. D'autre part, l'accès au foncier en ville – *a fortiori* à Paris – demeure une charge extrêmement élevée et difficile à équilibrer dans un bilan d'opération sociale. Sans volonté forte des pouvoirs publics, comme ce fut le cas avec Réinventer Paris ou comme la Mairie de Paris a pu le faire ces dernières années en exerçant son droit de préemption, le foncier des métropoles a peu de chances de bénéficier aux acteurs de l'ESS. Nous l'avons dit (voir chapitre 4), les centres-villes des métropoles concentrent essentiellement des bureaux, des commerces, des logements destinés aux foyers aisés et du logement social, imposé par la loi SRU[I]. Pour les autres acteurs, notamment ceux de la transition écologique (artisans de l'économie circulaire, activité de compostage et de réparation, recyclerie, etc.), l'accès au foncier, y compris à la location, est un des postes les plus lourds de leur modèle économique. Ces activités génèrent le plus souvent un chiffre d'affaires si modeste qu'il ne permet pas, une fois les salaires assurés, de payer des loyers au prix du marché de nos centres-villes.

Telle était notre problématique : si nous voulions obtenir les fonds nécessaires pour bien construire, il fallait laisser espérer un bénéfice aux financeurs. Or, notre modèle économique, appuyé sur un centre d'hébergement et des logements étudiants aux loyers encadrés, visait au mieux l'équilibre. Alors comment convaincre et trouver des financements ? Il était dès lors indispensable de valoriser les véritables impacts du projet pour que ce retour sur investissement soit mesuré sur une triple échelle de valeurs : économique, sociale et environnementale.

Notre chance a été l'implication dès les prémices du projet de la foncière sociale Réhabail. Créée par les associations Atoll 75, Travail et Vie et Bail pour Tous il y a vingt-cinq ans pour se doter d'une structure sur mesure pour leurs publics, cette entité, agréée pour la maîtrise d'ouvrage d'insertion, permet la mise en œuvre de locaux au service de projets immobiliers à vocation sociale : montage financier des opérations, recherche de subventions et de dons, acquisition et réhabilitation de lieux destinés à l'hébergement et à l'accueil social. Les projets immobiliers ainsi menés sont ensuite exploités par les associations fondatrices qui peuvent y développer en toute indépendance leur mission sociale.

Réhabail a endossé le rôle de maîtrise d'ouvrage de la Ferme. Frédéric Lauprêtre s'est chargé du montage financier, de l'identification des financeurs de l'ESS à solliciter et de la collecte des fonds. Nous devions très en amont, dès la remise du dossier de candidature à la Mairie de Paris, fournir lettres d'engagement et autres preuves de financements prévisionnels sérieux.

Contrairement aux autres parcelles de l'appel à projets "Réinventer Paris" qui ont pour leur majorité été cédées aux opérateurs privés à la vente sous condition d'innovation, Réhabail a fait le choix de proposer à la Mairie de Paris de rester propriétaire public de la parcelle Ourcq-Jaurès et de la confier, dans le cadre d'un bail à construction de cinquante ans, à la foncière pour qu'elle y déploie le programme social de la Ferme du Rail. Ce modèle juridique peu commun en France dans le secteur privé permet d'amortir un investissement conséquent sur un très long terme, et ce sans avoir à porter la charge foncière d'achat. Assez fréquemment utilisé dans le logement social, il présente ainsi l'avantage, sur des fonciers chers, de mieux financer le coût de construction, de réduire considérablement le prix de revient et donc *in fine* les loyers qui seront demandés aux occupants pour équilibrer l'opération. Davantage développé dans le secteur privé ou au bénéfice de l'économie sociale et solidaire, il permettrait d'apporter la garantie de conserver la propriété dans le domaine public, en évitant de la céder à la spéculation privée. En contrepartie du bail, Réhabail s'engage à construire les bâtiments et à les donner en exploitation selon le programme prévu, à verser un loyer très modéré et en fin de bail à livrer à la Ville de Paris des bâtiments en bon état d'entretien.

Outre cette configuration avantageuse non négligeable, le jalon qui nous a permis d'asseoir l'ensemble du montage a été la partie

"Logement" du projet, correspondant à la moitié des investissements globaux : en effet, la résidence étudiante ainsi que l'hébergement de type centre d'hébergement et de réinsertion sociale (CHRS) bénéficient des circuits de financement usuels propres au secteur du logement social, auquel Réhabail a accès en qualité de maître d'ouvrage d'insertion (MOI) agréé par l'État : prêts de la Banque des territoires, subventions de l'État et de la Ville de Paris. En complément, d'autres subventions logement ont pu être mobilisées au titre de l'innovation sociale du projet, auprès de la Région Île-de-France et de la fondation Abbé-Pierre.

Le montage pour l'autre moitié du financement dédié à l'activité pour le maraîchage et le restaurant s'est toutefois avéré beaucoup plus complexe. C'est en grande partie la base financière collectée pour la construction de l'hébergement, qui permettait d'apporter de la crédibilité et de la sécurité sur plus de la moitié du programme, qui a rendu possible la quête de financements complémentaires et a permis à Frédéric de gagner la confiance des organismes de crédit tels que la banque éthique néerlandaise Triodos (25 %) et le dispositif public de soutien à l'emploi France Active (8 %). Il a cependant fallu faire feu de tout bois pour boucler le budget : un apport en fonds propres par Réhabail (13 %), des subventions conséquentes de fondations privées et fondations d'entreprises publiques (26 %) *via* notamment le dispositif d'État du programme d'investissement d'avenir "Ville de Demain" (27 %) et un complément de dons de particuliers soutenant le projet (1 %).

Au total, le collectif est parvenu à fédérer des acteurs publics, privés et des donateurs pour un budget total de 4,68 M€ comprenant l'ensemble des travaux et des frais d'étude et de diagnostics associés et les aménagements de la Ferme.

Plusieurs enseignements sont à tirer de ce qui précède : le montage a été permis par une mosaïque atypique de sources financières, tant publiques que privées. La finalité sociale des bâtiments construits

Le bâtiment d'activité en construction

a permis de rassembler des financeurs que la seule qualité écologique des constructions n'aurait pas suffi à mobiliser. La relation de confiance entre les membres du collectif a également été primordiale : c'est grâce à elle que cette petite maîtrise d'ouvrage a accepté de supporter un investissement important sans chercher d'autorité à faire baisser les coûts. Si le projet pouvait paraître cher relativement à la surface produite, au nombre de bénéficiaires et à la taille de la parcelle, Réhabail en connaissait la finalité et soutenait la démarche.

Nous nous sommes donné collectivement un cap sans concession sur la qualité constructive ou le confort d'usage : générosité des surfaces d'habitation, des communs et des espaces extérieurs, densité et multiplicité des usages, matériaux biosourcés et pérennes, sobriété et qualité des systèmes et juste rémunération des personnes intervenant sur le chantier, maîtres d'œuvre comme artisans. De même, les objectifs d'expérimentation que nous nous étions fixés n'ont pas été emportés au fil des arbitrages du temps long : chaufferie à granulés de bois, solution inédite à cette échelle à Paris et défendue par Marc Serieis de la société Albert et Compagnie (assistant à la maîtrise d'ouvrage du projet), isolation en botte de paille pour un collectif en centre-ville, récupération intégrale des eaux de pluie, construction d'une grande serre dans Paris, terrasses cultivées... Tout cela pourrait contribuer à renchérir évidemment le coût au mètre carré.

Par ailleurs, la parcelle n'était pas épargnée par les contraintes courantes du milieu urbain qui imposait d'emblée des coûts importants : petite parcelle et contraintes du plan local d'urbanisme sur les gabarits (l'impossibilité de construire plus haut et compact augmente les coûts incompressibles d'installation des réseaux, de la chaudière, etc.), coût de dépollution des sols, enclavement et difficulté d'accès au chantier... En raison de ces handicaps, divers promoteurs, qui avaient tenté d'investir la parcelle avant que la Mairie de Paris ne se porte acquéreur, avaient fini par jeter l'éponge.

À cet égard, on nous a parfois opposé le modèle alternatif de l'*urbanisme transitoire* pour nous prouver qu'il était possible de lancer à peu de frais des initiatives innovantes et créatrices de lien social. Cette pratique, en plein développement depuis les années 2010, consiste à occuper légalement des espaces laissés temporairement vacants au sein des villes – friches industrielles ou commerciales, sites en attente du démarrage d'un chantier –, pour y installer, de façon provisoire ou préparatoire, lieux d'exposition ou de concerts, bureaux partagés, jardins collectifs, ateliers d'artistes, villages éphémères accueillant des acteurs de l'ESS... Le site des "Grands Voisins", dans le 14e arrondissement de Paris, porté par l'association Aurore et la coopérative Plateau urbain, en est sans doute l'une des réalisations les plus abouties[2]. La démarche est intéressante et représente un nouveau modèle urbain aujourd'hui incontournable : elle permet d'optimiser le foncier dans un contexte de forte tension, de

La contrainte de l'accès au chantier
par une voûte sous la Petite ceinture

mener des actions expérimentales et d'accueillir provisoirement des activités qui peinent à trouver leur place en ville, avec une dimension démonstrative contribuant à faire évoluer les mentalités. Toutefois, ce "transitoire" n'est pas la transition que nous appelons de nos vœux. En termes d'architecture et d'aménagement, ces projets à coût modéré servent parfois, malgré les acteurs qui les portent, de caution commode à des opérateurs plus conventionnels et technocratiques. Pour le propriétaire du site, le bénéfice est maximal : cela évite d'importantes dépenses d'entretien ou de gardiennage, tout en le valorisant. Quant aux collectivités, elles tirent bénéfice de l'effort consenti avant tout par les acteurs de l'ESS qui dynamisent ainsi à peu de frais leur programmation urbaine. Mais passées les quelques années de l'occupation, la parenthèse se referme. Que devient la richesse de tout ce qui a été pensé et expérimenté en commun ? Chacun en emporte une part avec soi et sur d'autres sites – c'est déjà beaucoup. On peut cependant regretter que cette intelligence collective ne soit pas davantage mise à profit, notamment pour la programmation des futurs usages du lieu.

À ces actions temporaires, nous préférons les processus immédiatement pérennes. Avec une conviction : le modèle immobilier basé sur la marge des investisseurs ne doit pas occulter les exigences sociales et écologiques en matière d'habitat. Pourquoi la démarche écologique serait-elle réservée à des bâtiments d'exception ? Nous plaidons au contraire pour que le foncier cesse de peser si lourdement sur le coût global des opérations et que la maîtrise des loyers pour les habitants ou les exploitants économiques n'empêche pas de construire à grande échelle des logements plus grands, sains, confortables, qualitatifs, robustes et à faible impact énergétique. Il n'est pas concevable que cette qualité soit l'apanage des plus aisés. C'est là une question de justice environnementale dont les enjeux économiques et sanitaires sont majeurs : les "passoires thermiques" pèsent très lourd dans le budget des ménages les plus précaires et l'insalubrité de nombreux habitats rend encore malades leurs habitants. Comme le rappelle la fondation Abbé-Pierre, la crise du logement touche en 2020 de près ou de loin plus de douze millions de Français et l'habitat indigne environ un million d'entre eux[3]. Malgré ce constat affligeant, le financement public du secteur de l'action sociale essentiellement associatif n'a cessé d'être rogné depuis 2017. Pourtant les bailleurs sociaux ne manquent pas de financements mais l'absence de cohérence entre action sociale de terrain et politique public sur le logement repousse la résorption de l'habitat indigne. Nous avons atteint le point critique où une action publique puissante alliant justice sociale et environnementale ne peut plus être reportée. Séparer la politique écologique (centrée trop exclusivement sur quelques opérations exemplaires) de la politique sociale (construction de logements sociaux, accès à la propriété) est une aberration. Quel sens y a-t-il à ce que le ministère du Logement soit rattaché au ministère de la Transition écologique si ce n'est pour avancer sur ces deux tableaux en parallèle ?

Réapprendre à compter

Ces intentions, si louables soient-elles, se heurtent brutalement à la réalité du marché de la construction publique comme privée. Aujourd'hui, malgré l'effort remarquable de certains bailleurs sociaux pour concilier ces enjeux, force est de constater que le logement tant social que privé avec des coûts de construction au mètre carré trop faibles reste loin des objectifs. De même, le coût du bâtiment reflète la convergence des intérêts qui ont proprement phagocyté l'acte de construire : industriels, assureurs, sphère normative et législative, investisseurs et spéculateurs de l'immobilier. L'inflation des prix du logement et du foncier limite la capacité des ménages à acquérir des logements plus grands et mobilisant des procédés constructifs de qualité. Le bâtiment est à la fois un secteur stratégique de la production du capital et le support d'une accumulation de richesses. Il ne s'agit plus de lieux de vie mais de produits immobiliers. Ils sont conçus davantage pour ceux qui en tirent un bénéfice financier que pour ceux qui en font usage, et qui n'ont généralement pas voix au chapitre. Les équilibres financiers se font au détriment de la qualité constructive et spatiale. Ceux qui paient décident tout simplement de ce qui vaut.

Le fait de tout penser uniquement en termes de coûts, de marges, de production n'est pas sans conséquences : la mission fondamentale de l'architecte s'en trouve dévoyée et la possibilité de mettre en œuvre une architecture écologique, inscrite dans le temps long et la trame du vivant, largement obérée. Car tous les domaines sur lesquels portent les efforts de cette démarche ne sont pas comptabilisés dans la valeur du bâtiment produit, alors même qu'ils seraient susceptibles de justifier son coût. Prenons quelques exemples.

Avec ses jardins, ses toits et coursives végétalisés, la Ferme du Rail contribue à la création de ce que l'on appelle des "îlots de fraîcheur" dans un milieu urbain de plus en plus en surchauffe, où le confort d'été est devenu une préoccupation majeure. La Ferme s'efforce également de prendre en charge intégralement les eaux de pluie de sa parcelle : toutes les eaux collectées sont réutilisées pour l'arrosage, évitant ainsi de surcharger les réseaux de retraitement, déjà extrêmement sollicités en raison de l'artificialisation massive des sols. À cela s'ajoutent la collecte des déchets organiques et leur gestion en circuit court mais aussi la contribution de la Ferme au maintien d'une certaine biodiversité en zone urbaine : autant de services rendus au quartier et à la ville, qui pourraient être portés à son crédit en balance de l'investissement qu'elle représente, mais que les indicateurs productivistes ignorent.

La préservation des ressources en matière et en énergie n'est pas davantage prise en compte. Compte ainsi pour rien l'effort portant sur le choix de matériaux biosourcés, l'approche bioclimatique visant à bénéficier de façon passive des ressources d'un milieu dans le fonctionnement du bâtiment, notamment en ce qui concerne le confort d'été et d'hiver, la polyvalence des espaces, la simplicité volontaire des choix constructifs et enfin le choix de systèmes de ventilation et de chauffage sobres en énergie. Et que dire du réemploi et de toutes les démarches gourmandes en temps de travail pour faire avec ce qui est là, pour valoriser l'existant plus que le neuf, pour faire se marier des usages sur un même espace afin de ne pas consommer de surfaces supplémentaires ? Cela n'est absolument pas valorisé dans le cadre de l'économie traditionnelle, puisqu'il s'agit précisément de surfaces, de ressources ou d'énergies non consommées. Seule compte la dépense !

Alors comment changer la donne ? Nous sommes convaincus que se focaliser sur le coût de la construction, en arguant qu'on va construire mieux et pour un moindre coût, est une erreur fondamentale, qui ne fait que pérenniser le dévoiement de la profession. Pour que l'architecte puisse pleinement assumer sa mission écologique, il ne faut pas cesser de compter – faute de partager encore un autre langage – mais compter *autrement*, en introduisant d'autres indicateurs de richesse. C'est précisément ce que cherche à opérer l'approche du "coût global". Il s'agit d'englober dans le coût du bâti tous ceux induits par l'exploitation et la déconstruction future, mais aussi de prendre en compte tous les effets négatifs provoqués par des constructions de mauvaise qualité ou tous les bienfaits et services rendus par l'architecture écoconçue. La liste de ce qui entre en ligne de compte est volontairement non exhaustive car l'enjeu est de redéfinir ce qui fait la valeur d'un bâtiment. Et chaque nouveau critère élargit le périmètre de l'architecture, pensée sur le temps long de sa fabrication et de ses usages, de ses dimensions sociales, politiques, sanitaires et environnementales.

Évidemment, les constructeurs sont encore loin du compte. Malgré des avancées et quelques opérations exemplaires médiatisées ou construites à bas bruit, la production contemporaine architecturale est aujourd'hui encore largement tributaire de l'industrie du bâtiment carbonée, mondialisée et spéculative. Béton roi et second œuvre à l'impact lourd et à l'obsolescence programmée sont les fruits de logiques industrielles décorrélées des besoins et des ressources locaux. Pour exemple, en 2018, la construction en bois représentait à peine 4,3 % de part de marché de la construction en France[4]. Le cadre législatif tend à contraindre les pratiques au travers d'outils incitatifs, tels que les labels, ou coercitifs (RE2020, loi sur l'économie circulaire, loi de transition énergétique). Ces outils législatifs dont il faudra pour certains observer leur mise en application, bien qu'encourageants, restent dans tous les cas en dessous des enjeux. Aujourd'hui en ce qui concerne la préservation des ressources, l'analyse du cycle de vie (ACV) permet de mesurer l'impact global et multicritère d'un produit du "berceau à la tombe" sur cinquante ans, depuis l'extraction de matière nécessaire à sa fabrication jusqu'à son élimination en passant par sa distribution et son utilisation[5]. L'exercice a été fait sur l'ensemble de la Ferme du Rail sur la phase de construction y compris la fabrication des matières premières. Où il apparaît que, comparée à un bâtiment de référence classique mettant en œuvre des produits, béton, isolants et second œuvre, issus de l'industrie carbonée, la Ferme présente un bilan énergétique à très faible impact avec son ossature en bois, son isolation paille, sa vêture de bois, ses matériaux de réemploi notamment. L'ACV prend également en compte l'impact sanitaire de l'acte de construire. Bien que la préservation de la santé compte aussi parmi ces éléments difficiles à quantifier, elle reste essentielle dans une approche holistique de la valeur d'un bâtiment. Le fait de privilégier des matériaux de réemploi ou des matériaux de finition moins émissifs en COV (composés organiques volatils), d'assurer une bonne ventilation des intérieurs, de maîtriser l'hygrométrie et les écarts de température : tout cela contribue à préserver au maximum la santé des usagers. Dans le cas de la Ferme du Rail, ce discours a pu faire sourire certains éducateurs de Travail et Vie, sachant dans quel état de santé peuvent se trouver les personnes accueillies, cabossées, abîmées psychologiquement mais aussi physiquement par des années d'isolement et parfois de vie de rue. Néanmoins, c'est une attention qui doit être portée dès la conception du bâtiment malgré son coût.

L'ACV est un outil intéressant, notamment pour faire évoluer les mentalités, banaliser l'élargissement des critères, y compris sanitaires et environnementaux, et considérer la longue durée. Imposée par la loi RE2020 rentrant en application en janvier 2022, elle pourra contribuer à l'essor des matériaux bio et géosourcés et aux pratiques du réemploi face aux matériaux carbonés extrêmement bon marché et permettra de considérer les externalités négatives qui accompagnent cette fausse aubaine économique. Malheureusement, cet outil s'avère dans sa forme actuelle sujet à caution, les industriels parvenant à y valoriser des actions peu durables en vue de décrocher les subventions qu'il conditionne ou de rentrer au chausse-pied dans le cadre législatif sans sortir d'une logique productiviste.

Ce constat nous met en garde : la lettre ne doit pas remplacer l'esprit de la lettre... Mesurer les impacts reste certes incontournable dans ce combat de David contre Goliath. Cependant, les nouveaux outils ne remplaceront pas les acteurs engagés et les réalisations concrètes, démonstrateurs d'un nouveau paradigme. D'autant qu'à cet indicateur échappe encore la prise en compte de l'intensité sociale qu'entraînent ces pratiques. Par exemple, le recours aux matériaux biosourcés et au réemploi ne permet pas seulement d'importantes économies de ressources et d'énergie ; il produit aussi un impact positif sur le territoire : richesses d'échanges, création d'emplois locaux, mise en place d'un réseau d'acteurs, de toute une économie locale.

De même, si mesurer l'impact sanitaire d'une construction semble atteignable, qu'en est-il du confort matériel et du plaisir des habitants à vivre dans les lieux ? C'est une attention que nous avons souhaitée centrale à la Ferme quand bien même le statut d'hébergement rendrait temporaire l'occupation des habitants : matériaux nobles, apport de lumière naturelle, générosité de l'espace privé et des communs, ouverture et prolongement de l'espace de vie vers l'extérieur (loggias), omniprésence du végétal... Le bien-être social, dès lors qu'il ne se traduit pas par des rapports marchands, n'est pas non plus inclus dans la valeur d'une construction. On pourrait pourtant plaider qu'une architecture qui intensifie les usages, favorise la mixité sociale et générationnelle, les rencontres et la convivialité, ou qui génère du lien social à l'échelle du quartier, produit de la valeur, justifiant ainsi son coût de construction. La qualité de l'environnement ainsi généré contribue à l'appropriation du lieu par l'habitant, gage à son tour du soin qu'il prodiguera au bâtiment et donc à sa durabilité. Une durabilité à prendre en compte elle aussi dans le coût global, sachant que la maintenance est un poste lourd et souvent ignoré du fonctionnement d'un bâtiment et que les lieux d'hébergement, notamment, tendent d'ordinaire à se dégrader assez vite.

Reconsidérer la richesse

L'approche de l'architecture en termes de coût global appelle plus largement à une révision de la notion de richesse. Si, en pratique, le PIB reste roi, sa pertinence comme seul indicateur de la bonne santé économique d'un pays est sérieusement remise en cause depuis déjà plusieurs dizaines d'années[6]. Les critiques de cet instrument de mesure sont désormais bien connues et certains signaux encore discrets mais encourageants montrent que le monde de la finance ne parvient plus à y rester totalement sourd. Non seulement le PIB ne tient pas compte d'un certain nombre de services contribuant au bien-être d'une société (bénévolat, activités domestiques, éducation des enfants, engagement associatif ou citoyen...) mais il fait également l'impasse sur la valeur économique des ressources que nous tirons gratuitement de la nature. Aussi, pour mieux prendre la mesure des "gains de qualité et de durabilité[7]" et déclencher les investissements nécessaires à la transition écologique, d'aucuns appellent-ils à la promotion de nouveaux indicateurs qui incluent l'empreinte carbone et l'indice de santé sociale mais aussi les services écosystémiques et le coût des dommages causés à la biodiversité. Si la mise en œuvre d'un tel "PIB vert" se heurte encore à nombre d'écueils méthodologiques, tous ces efforts vont dans le même sens : en finir avec le mythe de la croissance et l'hégémonie du productivisme.

En matière de construction, les moyens d'apprécier les bénéfices évoqués – services écosystémiques rendus à la ville, souci de la préservation des ressources en matière et en énergie, impact des choix d'écoconstruction sur la santé, vertus en termes d'usages et d'impact social – font encore débat parmi les experts. On parle de tonnes de ressources non consommées, de quantités d'énergie économisée, mais comment mesurer la vitalité des échanges, le "bon état écologique" d'un lieu, le bien-être ? Faudra-t-il compter le nombre de repas servis, le nombre de partenariats noués, le nombre d'embauches conclues, le nombre de sourires quotidiens sur le visage des résidents ? On pressent les limites d'une telle démarche[8].

Il y a une urgence à sortir de la logique productiviste, de l'injonction quantitative, du consumérisme immobilier qui n'aboutit qu'à maintenir les injustices, à multiplier les espaces stéréotypés, à épuiser les ressources, à artificialiser les sols et à porter atteinte à l'ensemble des êtres vivants. Le prix de l'architecture, fondé sur la réduction des coûts de construction, est devenu exorbitant du point de vue environnemental et social. Il nous prive tous de ce qui fait la beauté et la dignité des façons humaines d'habiter le monde. C'est pourquoi nous plaidons pour qu'en architecture soient prises en compte *toutes* les externalités, positives *et* négatives, pour évaluer le coût réel d'un bâtiment. Cependant compter autrement n'est pas une fin en soi. Il s'agit bien plutôt de pluraliser les régimes de valeurs pour épuiser la pensée comptable et faire valoir ce à quoi nous tenons véritablement. Peut-être parviendra-t-on alors à passer d'une logique de coût à une logique de valeur non monétaire pour faire valoir d'autres formes de richesses ? Et reconnaître qu'il ne s'agit pas d'évaluer un produit fini, livré clé en mains, mais une expérience vécue. L'architecture n'est pas seulement une activité productive ayant un coût mais aussi un processus collectif de création de valeurs. Nous avons vu comment le temps fertile du chantier, la mise en relation de la Ferme avec son territoire et de ses habitants avec le quartier, l'appropriation du lieu par ses usagers ont permis de créer et de partager de la valeur. Nous en avons eu à nouveau la confirmation avec la pandémie de Covid-19. La Ferme du Rail a accueilli ses premiers habitants peu de temps avant le premier confinement. Malgré le contexte, qui nous a rappelé brutalement la précarité de nos existences, les résidents ont pu vivre à la Ferme, y travailler dans les jardins naissants, y manger leur propre production et faire communauté, prenant pleinement conscience de la valeur d'être ensemble. Julia, une éducatrice d'Atoll 75, témoigne : "On passait beaucoup de temps sur place, dehors. La musique était quasi omniprésente, on a dansé, une belle ambiance de groupe s'est créée. Le lien avec le chef jardinier, Olivier, supervisant les espaces verts, s'est solidifié. Tout le monde l'a aidé à s'occuper des plantations. Notre collègue Alfredo a ramené du bois de récupération et il nous a formés à la fabrication de mobilier utile aux lieux. On s'est approprié la Ferme, ensemble." Devenant responsables de cet espace, proprement *comptables* de sa bonne tenue, de leurs relations avec les autres et avec leur environnement, ils ont attribué au lieu une valeur nouvelle. Telle est pour nous la vraie richesse du métabolisme architectural.

7

FAIRE AVEC LES DÉLAISSÉS

Le secteur du bâtiment et des travaux publics est le principal producteur de déchets en France, avec plus de deux cent vingt-sept millions de tonnes de déchets par an, dont moins de la moitié sont revalorisés[1]. Ce chiffre est à lui seul un signal d'alarme : il est temps de réformer nos pratiques constructives pour les convertir à l'économie circulaire. Tout acte de transformation de notre cadre de vie consomme des ressources matérielles et engage une modification de notre rapport au lieu ou au milieu. Pourtant, en architecture, la question des ressources – de leur origine, de leur raréfaction – est longtemps restée ignorée. Une logique de prescription de produits issus de l'industrie dominait, véhiculant une fausse impression d'abondance et de "propreté" des opérations : se procurer béton, verre ou acier simplement en choisissant une référence sur catalogue laisse croire que ces matériaux sont aisément disponibles partout et tout le temps. En outre, cela tend à occulter leur mode de fabrication : la phase d'extraction se trouvant totalement invisibilisée, on se hâte d'oublier quelle violence est imposée à la terre pour les obtenir[2].

Dans le contexte de la transition écologique, la question des ressources devient un enjeu central de l'architecture : nous ne pouvons plus ignorer leur finitude ni les modalités de leur exploitation. Il n'est plus possible d'adhérer aux "logiques séculaires d'une pensée de la construction et de la transformation de notre cadre de vie, héritée de la révolution industrielle, selon laquelle l'humain s'approprie pour son bien-être le capital naturel de la Terre, grâce aux progrès de la technoscience, dont il a été à la fois l'artisan et le maître[3]". Mais comment mettre en œuvre une architecture postextractiviste qui ne repose plus sur une consommation addictive de matières premières ?

Faire avec ce qui reste

Une approche éprouvée pour consommer moins de ressources consiste à privilégier les matériaux biosourcés (constitués de la biomasse, soit de l'ensemble du vivant qui nous entoure, végétal la plupart du temps et plus rarement animal), tels que le bois, le chanvre, le lin, la paille, la laine de mouton... Les avantages sont évidents et multiples : les matériaux biosourcés offrent une grande variété d'usages. Le bois, par exemple, peut être mis en œuvre en structure, en façade (bardage), en parquet, en isolant (laine de bois)... Le chanvre sert d'isolant d'enveloppe et de dalles de sol, etc. Les matériaux biosourcés permettent de freiner le réchauffement climatique et sont renouvelables (contrairement au sable, à l'eau, au minerai). Étant généralement commercialisés en circuits courts, ils consomment peu d'énergie grise. Ils sont sains, peu polluants[4].

Nous sommes sensibles à ces arguments. L'usage des matériaux biosourcés va réellement dans le sens d'une réduction du bilan carbone de la construction et d'une amélioration de la qualité de vie. Toutefois, nous estimons que le recours au biosourcé n'est pas la seule réponse, et que d'autres solutions doivent être envisagées. D'abord, parce que construire en biosourcé consiste toujours à consommer de nouvelles ressources, quand bien même elles viendraient de la biomasse. Ensuite, cela n'est pas sans interroger notre rapport au vivant : construire en bois, c'est toujours couper des arbres. Nous ne pouvons plus faire l'économie d'une réflexion éthique sur la consommation de nouvelles matières et sur la relation établie avec des ressources qui proviennent du vivant (voir chapitre 9).

Nos sociétés sont encore loin de reconnaître les droits du vivant. "Si tel était le cas, comme le remarque John B. Callicott, alors la charge de la preuve ne serait plus du côté de ceux qui veulent protéger la nature, mais serait déplacée du côté de ceux qui veulent l'utiliser comme un simple instrument[5]." C'est pourquoi notre position est devenue plus radicale : il faut faire avec ce qui reste. Recourir au maximum à ce qui a déjà été extrait, transformé, mis en œuvre et qui, la plupart du temps, est destiné à être jeté : les "délaissés" du monde matériel. Nous parlons d'ailleurs plus volontiers de "valorisation des délaissés", au sens large, que de "réemploi" car le terme, tout comme celui de “réutilisation”, a une définition légale stricte[6]. Or, ce qui nous intéresse dans ces pratiques est moins leur statut réglementaire que ce qu’elles ont en commun, à savoir la prise en considération de ce qu’une société néglige ou rejette. Au fondement de notre démarche réside d’abord un refus : refus du gaspillage des ressources, de la culture du déchet, du cycle délétère “extraire-consommer-jeter” sur lequel repose la production de bâtiments neufs, qui n’est rien d’autre qu’une *industrie du gâchis*. Il existe pourtant suffisamment de bâtiments à réhabiliter pour répondre aux besoins contemporains !

Inversons la logique et faisons de tout ce que l’on jette inconsidérément la pierre angulaire de la construction des bâtiments. Dans cette attitude, la dimension pratique – pourquoi se priver d’exploiter ces “réserves” potentielles ? – n’est pas le plus important. Il s’agit surtout de s’opposer, moralement et politiquement, à cette intolérable société de l’*Homo detritus* : une société de l’homme qui jette, mais aussi de l’homme que l’on jette[7]. Formidables machines à jeter, à détruire ou à enfouir, nos villes s’acharnent aussi à exclure, à reléguer, à invisibiliser.

C’est pourquoi notre volonté de préserver les ressources va de pair avec un objectif ostentatoire. Il faut rendre visible ce qui est caché, montrer l’envers du décor : rappeler d’où viennent les matériaux, mettre au jour la brutalité de leur extraction, causes d’inégalités environnementales majeures.

Réemployer les matériaux et travailler avec des personnes en insertion relève pour nous de la même logique. Ne plus jeter et ne plus exclure. Nous ne voulons plus consommer, prendre davantage à la Terre, et utilisons désormais ce qui reste. Pour ce faire, nous travaillons avec des personnes elles-mêmes mises sur la touche. Cette population reléguée, délaissée, devient alors le socle sur lequel bâtir un nouveau modèle de production agricole et de relation au quartier. Le réemploi n’est pas d’abord l’exploitation de nouveaux “gisements”, mais la revendication d’un soin inédit à l’égard de la matière et des personnes.

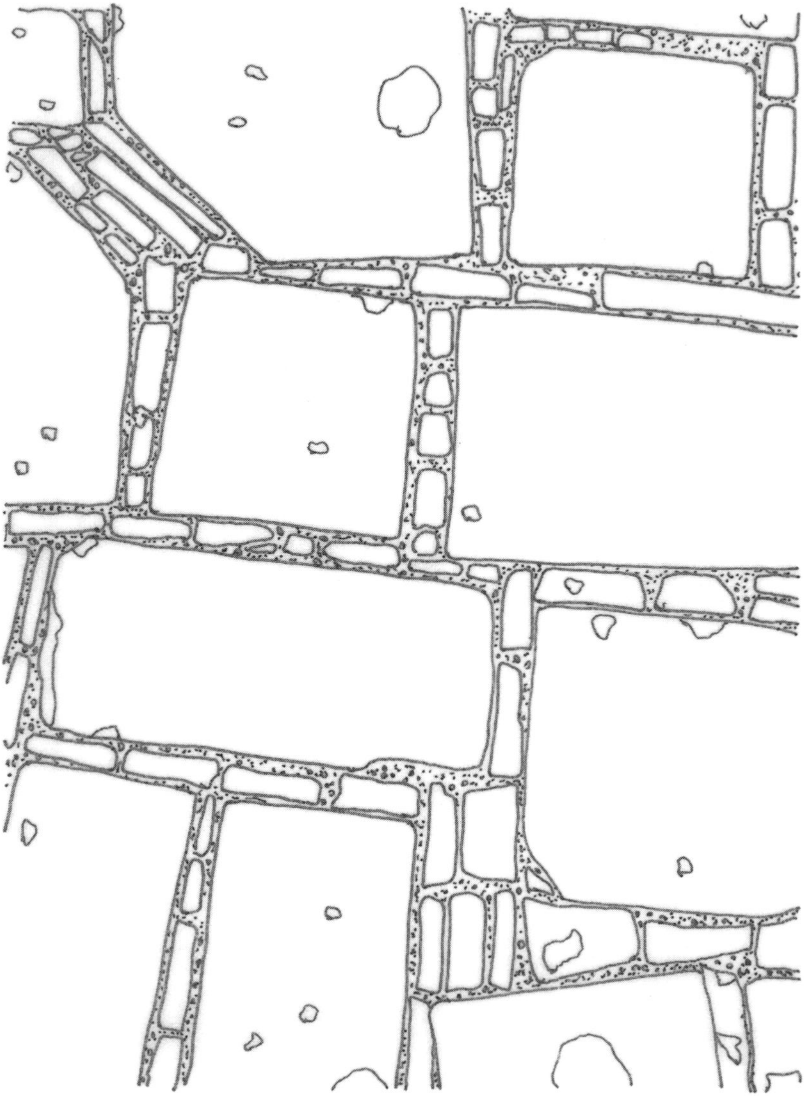

Un assemblage de pierres de réemploi pour un cheminement
dans le jardin de la Ferme

Les délaissés de la Ferme

Cette prise de position sur la source des matériaux n'est pas à l'origine du projet de la Ferme du Rail. Elle s'est constituée en cours de route, à travers des réflexions, des expérimentations, des rencontres, en un aller-retour constant entre la théorie et la pratique – ce jusqu'à devenir une philosophie que nous portons désormais[8].

Elle a germé d'abord avec le compost, dont nous avons décrit la place fondatrice dans le projet. Toute la Ferme tourne autour de cette activité, qui a permis très tôt de nouer des liens avec le quartier (restaurateurs producteurs de déchets, apport volontaire des familles), de créer et d'amender les substrats de culture de la Ferme, de qualifier des personnes en insertion. En dehors de son intérêt horticole, rappelons ici que le compost est produit à partir de cette matière organique que restaurateurs et particuliers s'apprêtent à jeter. Sans que cela ait été un objectif explicitement défini, cette alchimie, qui consiste à faire une richesse de ce dont

Le travail de la matière organique à la Ferme

plus personne ne veut, est en quelque sorte devenue la signature de la Ferme. Quand des personnes en insertion fabriquent du compost pour créer des sols fertiles, c'est une histoire de délaissés qui s'entrecroisent, s'agencent, s'aident mutuellement. Où le cycle de la matière organique contribue à préserver les ressources. Où une parcelle souillée redevient nourricière. Où des personnes marginalisées reprennent pied par le travail et le soin apporté au vivant. Où s'entremêlent à tous les étages la force de vie et une forme d'inversion des valeurs. Ce tissage, symboliquement très fort, qui nous a sauté aux yeux en début de projet, a renforcé le sens de l'entreprise et a indiqué la voie du collectif d'autant plus clairement.

Il en est allé de même pour l'utilisation de la paille. Ce qui nous motivait, avons-nous compris en cours de route, était bien sûr d'isoler avec un matériau biosourcé mais surtout avec un *coproduit*, constituant lui aussi un délaissé. En effet, la paille n'est pas produite pour elle-même mais pour son fruit. En cela, elle est très différente des autres arbres ou des plantes que l'on fait pousser dans le seul but d'en tirer des matériaux de construction et des isolants. Et cela change tout : on ne consomme rien de plus, on prend uniquement ce que d'autres ont laissé.

À côté de ces actes symboliques, c'est naturellement dans le bâtiment lui-même que trouvent peu à peu leur place des matériaux issus du rebut. Cette démarche, qui, pour le coup, peut être qualifiée de réemploi ou de réutilisation, était déjà familière aux employés de Travail et Vie, qui pratiquent depuis des années le débarras et le curage d'immeubles. Fabienne Landeroin, directrice de Bail pour Tous et membre de l'équipe de maîtrise d'ouvrage, connaît bien également les enjeux et les rouages du sujet. Dans une vie antérieure, en effet, elle a été coordinatrice du projet Démoclès, une plateforme collaborative visant à mieux gérer les déchets du second œuvre pour une démolition plus durable. Ces acteurs aguerris, rompus aux pratiques délétères du BTP et aux solutions alternatives, ont rendu possible l'accueil de matériaux réemployés à la Ferme.

Ensemble, nous avons passé en revue les différents ouvrages susceptibles d'être réalisés à l'aide de matières déjà disponibles, et ce dans les délais imposés par le chantier. Nous nous sommes mis à l'affût de ce que la ville rejette, avons tissé un réseau à même de nous relayer au plus vite les futurs chantiers de démolition ou les stocks disponibles. En parallèle, nous avons entamé un travail – que nous n'avons plus cessé depuis – de cartographie et de tissage de liens avec d'une part des "producteurs" de déchets partenaires et d'autre part des artisans du territoire à même de transformer et de valoriser cette matière hétérogène et non standard.

L'obsolescence programmée des constructions

Sans lister exhaustivement tous les postes de réemploi à la Ferme du Rail, attardons-nous simplement sur quelques exemples caractéristiques de la démarche, qui permettent au passage de pointer les causes d'une production pléthorique de déchets propre aux logiques productivistes. Bien évidemment, la plus grosse masse des déchets du BTP est issue de la démolition – signe que les bâtiments sont devenus des produits de consommation comme les autres, dont l'obsolescence est souvent décrétée prématurément à des fins de spéculation et de rentabilité. Mais la mise au rebut de la matière peut avoir d'autres causes, comme nous allons le voir. Parmi les moins connues ou évidentes, on trouve l'événementiel et l'évolution des normes.

L'industrie du luxe et de l'événementiel est également l'un des grands pourvoyeurs de déchets de matériaux de second œuvre. Elle consomme une matière faite pour briller le temps d'un salon, d'un défilé, d'une soirée, un déchet saisonnier directement issu des décors éphémères de la société de consommation. Chaque *fashion week*, chaque salon d'exposition produit des tonnes de panneaux, moquettes, tentures, mobiliers... Un bel exemple de ce que l'économiste Thorstein Veblen appelle "la consommation ostentatoire" : les classes les plus privilégiées tendent à se distinguer non seulement par une stratégie d'achat de biens futiles à grands frais, mais aussi par une attitude de gaspillage manifeste – autre façon d'exhiber leur affranchissement des nécessités matérielles. Heureusement, des intermédiaires se chargent désormais de capter et de redistribuer une partie de cette matière[9].

Pour construire les armoires des chambres (voir chapitre 5), nous avons réemployé des panneaux de contreplaqué provenant de la dernière *fashion week*. C'était la première fois que nous gérions un tel volume de matériaux en réemploi. L'ensemble a été livré par une semi-remorque chez À Travers Fil, un menuisier du quartier qui a bien voulu accueillir cet encombrant chargement. Une équipe de Travail et Vie en a transféré une partie à la Menuiserie circulaire, aux Grands Voisins, que Pierre Chanson, "menuisier Upcycleur", s'est occupé de transformer. Le reste a été valorisé auprès de partenaires du quartier. Ce fut un temps de mobilisation collective et les armoires ont été réalisées par Pierre, entièrement sur mesure, en un temps record. Cet exemple permet de souligner, une fois encore, l'importance cruciale de la logistique et de la solidarité territoriale dans la démarche de réemploi : identifier une source est une chose, mais encore faut-il que les calendriers concordent, que l'on trouve où stocker et comment transporter les ressources.

Autre illustration de consommation éphémère de matériaux : les surfaces de bâches publicitaires, qui sont une source intarissable de matière en parfait état et pourtant destinée à la benne. La façade du restaurant, orientée plein ouest, nécessitait une occultation verticale. Les stores ont été conçus et réalisés par les Résilientes, studio de design et chantier d'insertion d'Emmaüs Alternatives, à partir de bâches publicitaires sourcées à La Réserve des arts (association valorisant les déchets de l'événementiel ou du spectacle). Tout un travail créatif de découpe et d'assemblage de bandes de différentes couleurs a été effectué pour valoriser cette matière disparate.

La fabrication des armoires par la Menuiserie circulaire
avec du bois de réemploi

L'évolution permanente des normes de construction représente un autre facteur d'obsolescence des ouvrages du bâtiment : accessibilité des personnes, réglementation thermique et incendie, etc., conduisent au remplacement constant de composants de notre environnement bâti et urbain. Il en résulte un flux continu et massif de mise au rebut de matériaux de qualité et en bon état qui n'ont pas atteint leur fin de vie.

Ainsi, dans le jardin, afin de soutenir le talus du verger, nous envisagions d'installer des murs en pierre sèche. La plateforme de stockage de pierres de voirie de la Ville de Paris, située Bonneuil, à laquelle il nous a été permis d'accéder, s'est avérée une véritable mine. Nous avons capté les pierres que l'évolution des normes de voirie rendait obsolètes : pierres de comblanchiens issues des cimetières parisiens, pavés, blocs de granit... Nous avions l'embarras du choix. Encore fallait-il mettre en œuvre ces matériaux hétérogènes.

Les murs de soutènement du talus en pierre de réemploi de voirie

Mélanie Drevet, paysagiste du projet, a conçu les murets de soutènement et les emmarchements ; Travail et Vie s'est chargé de leur mise en œuvre. Ce retour à une pratique vernaculaire nous a obligés à nous reposer la question du geste, à changer de regard sur la matière (voir chapitre 8).

Pour végétaliser le toit du bâtiment d'activités, nous avions besoin de bacs de culture qui serviraient également de garde-corps. La coopérative Bellastock nous a d'abord proposé les anciennes tribunes présidentielles du 14 Juillet, en métal, pour les réaliser. Cette piste issue de l'événementiel, de prime abord séduisante, s'est avérée trop complexe et n'a pas été retenue. Et c'est finalement le filon de l'évolution normative thermique qui a été porteur. Nous avons fait appel à l'Atelier R-are, menuisiers menant une recherche-action autour de solutions de valorisation des fenêtres et portes en bois : ils proposent de capter, démanteler et transformer des cadres de fenêtres en bois déposés par des bailleurs sociaux à l'occasion de rénovations thermiques. Après une caractérisation du stock, en collaboration avec les chantiers d'insertion Emmaüs Peupins, le bois des fenêtres a été sablé, déligné et assemblé afin de devenir les panneaux de nos futures jardinières de toiture. À partir du même stock de montants de fenêtres cette fois débitées, l'Atelier R-are a conçu et mis en œuvre un parquet en bois de bout dans la salle commune de la Ferme, au terme d'un travail d'assemblage minutieux et créatif. Nous sommes bien ici à l'opposé d'une logique de choix de produits sur catalogue, renouant plutôt avec une pratique préindustrielle de caractérisation d'une matière de qualité, aujourd'hui démonétisée et dont nous réinterrogeons la pertinence. Parallèlement, l'ouvrier est remis au centre de ce processus et confronté à un flux de matières non standardisées dont il appréhende toutes les étapes de transformation. S'il valorise la matière stockée sur le territoire, le réemploi génère avant tout des heures de travail local faisant appel à une grande palette de qualifications.

Le recours au réemploi, à la réutilisation et à la collecte des déchets a toujours existé. Et ce n'était pas uniquement le fait, comme on pourrait le croire, de petites gens, notamment les biffins, réduits à une économie de subsistance, mais aussi une pratique ordinaire dans la construction, y compris des édifices les plus nobles. Ainsi

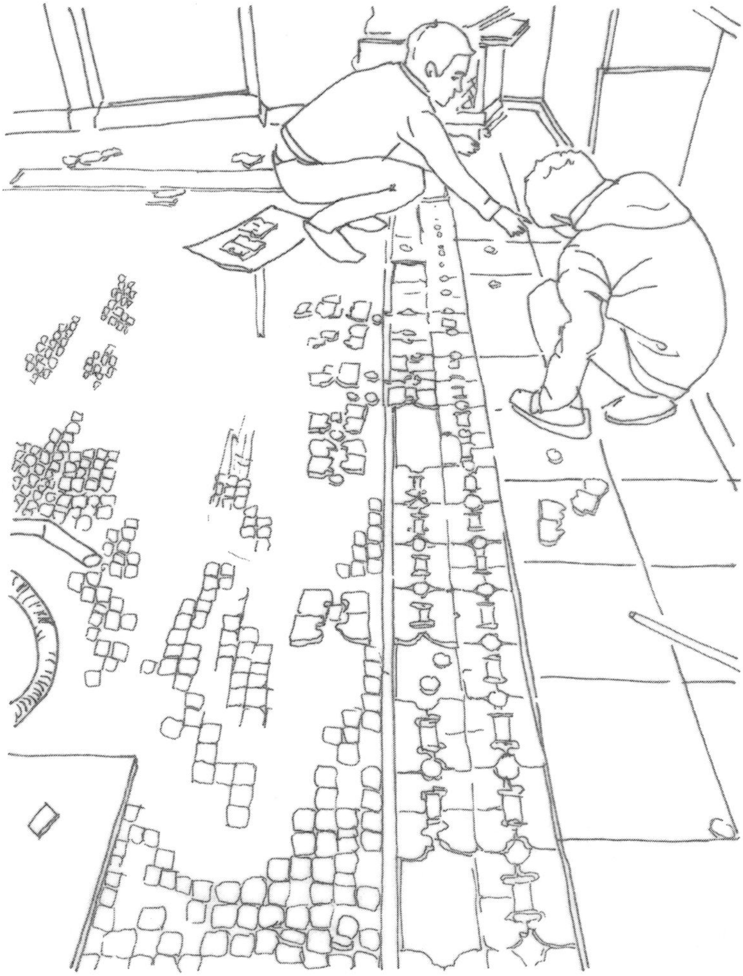

Fabrication du parquet en bois de bout par l'Atelier R-are

par exemple des fameuses charpentes de Notre-Dame de Paris : lorsque la charpente du chœur a été refaite au XIIIe siècle pour bénéficier de techniques plus avancées appliquées entre-temps dans la nef, le bois initialement mis en œuvre au siècle précédent a été démonté et réemployé.

Raviver la culture du réemploi

Ces pratiques, quand elles n'ont pas purement et simplement disparu, sont devenues minoritaires avec le développement de la production industrielle. C'est d'abord pendant la révolution industrielle et plus structurellement encore durant les Trente Glorieuses avec l'avènement de la société de consommation que l'économie linéaire s'est généralisée, portée par la mondialisation de l'extraction, de la transformation des matières premières, l'abondance de matériaux de construction bon marché et le règne du transport par containers. Aujourd'hui, face à l'urgence écologique, de nombreux acteurs cherchent à promouvoir le réemploi des matériaux de construction, que ce soit pour limiter la production de nouveaux déchets, préserver les ressources dont le secteur est gourmand (sable, eau, minerais), économiser l'énergie de production et de transport ou, plus largement, pour anticiper le déclin des industries carbonées et l'inévitable reconversion de la main-d'œuvre[10]. Mais les freins demeurent (logistique, formation, foncier, réglementation), de sorte que, si le réemploi s'impose à de nombreux acteurs du bâtiment comme une solution évidente de préservation des ressources et d'externalités positives pour nos territoires, les mises en œuvre effectives sur des opérations restent une goutte d'eau face aux enjeux. Pourtant les expérimentations montrent qu'aucun frein ne résiste à un travail en synergie de l'action publique et des filières locales. Elles révèlent aussi que le principal obstacle à une généralisation de la pratique est peut-être avant tout idéologique tant cette démarche vient remettre en cause profondément nos façons de faire et nos systèmes de valeurs. La peur du changement nous conduit à trouver rationnel d'enfouir ou brûler ce qui peut encore servir. À l'opposé, c'est toute une culture du *faire avec ce qui reste* qu'il importe de cultiver pour rendre cette pratique et ces ouvrages désirables. Ainsi, à la suite du projet de la Ferme, nous avons radicalisé la démarche de réemploi et transformé en profondeur nos pratiques. Pour la restauration de la Maison des Canaux, association qui joue un rôle majeur pour la valorisation de l'économie solidaire et circulaire, nous avons systématiquement prescrit des matériaux de réemploi collectés et transformés dans un rayon de trente kilomètres.

Chantier d'insertion à Romainville de démantèlement d'anciennes fenêtres destinées à la fabrication des jardinières

Si l'on souhaite voir se pérenniser et se développer cette nouvelle manière de bâtir, il semble d'abord essentiel d'y former spécifiquement les différents acteurs de la construction, de les orienter vers les métiers propres à la filière. Et ils sont nombreux : outre des métiers d'ingénierie, d'architecture et de design, des métiers de diagnostic (identifier les stocks), de déconstruction (pour une dépose respectueuse des matériaux), de caractérisation technique (pour assurer la performance des matériaux réutilisés), de logistique et de préparation ou de transformation de la matière pour l'adapter à ses nouvelles destinations... C'est pourquoi nous en appelons à la création d'une école du réemploi, destinée à former ces acteurs, aux profils complémentaires mais tous animés d'un même sens de l'utilité sociale et de la responsabilité face à la raréfaction des ressources[II]. Construire autrement exige aussi d'apprendre autrement : par conséquent cette école, premier acte d'une culture constructive postextractiviste, s'appuierait sur une pédagogie nouvelle, centrée sur le *faire* (chantiers-écoles, ateliers), valorisant les matériaux qui garantissent l'habitabilité de la Terre, et réunissant tous les acteurs de la filière – non seulement chercheurs, techniciens, porteurs de projets, mais aussi artisans, caractériseurs de matières, logisticiens, déconstructeurs, préparateurs de matières, main-d'œuvre peu qualifiée ou jusqu'alors éloignée de l'emploi – en un réseau collaboratif et solidaire.

Tout cela implique de bouleverser le paradigme encore dominant dans les écoles d'ingénieur et d'architecture, incubateurs des futurs prescripteurs et concepteurs des bâtiments : apprendre à valoriser le déjà-là et à respecter celles et ceux qui savent en prendre soin ; privilégier à la production l'acte de conserver, de réparer, de réhabiliter ; cesser d'enseigner les projets comme une création de l'esprit qui tient les matériaux à distance et réduit l'architecture à l'assemblage savant de produits alors qu'il s'agit d'un processus collectif, créateur de valeurs sociales, culturelles et politiques. Nous en avons fait l'expérience à la Ferme du Rail : il fallait accepter, en tant qu'architectes, de moins dessiner à l'agence, de moins prévoir, de se rendre disponibles à la matière telle que nous l'avions collectée, de s'ouvrir à une co-conception avec les artisans à même l'atelier et le chantier. Tandis que le matériau reprenait sa place première dans la démarche, il nous a fallu lâcher prise. Mais le résultat, et plus encore l'aventure collective qui l'a produit, ont été d'une telle richesse d'enseignement, tant il émane des bâtiments ainsi construits une poésie, une épaisseur, une consistance mémorielle, qu'un retour en arrière nous semblait inenvisageable.

Pour autant, nous l'avons dit, aligner les chiffres, les arguments, les solutions ne suffira pas à opérer le changement de mentalité nécessaire. L'engouement ne saurait reposer sur la seule démarche argumentative. Comme le mouvement Arts and Crafts ou le Bauhaus en leur temps, l'architecture du réemploi ne s'imposera que si son idéal est porté par une esthétique forte, à même d'exprimer ce nouvel art d'habiter, de le faire partager largement, de lui donner toute sa dimension politique.

Aujourd'hui, de nombreux architectes partisans d'une démarche écologique se tournent vers le vernaculaire[12]. Ces techniques, comme le rappelle souvent Dominique Gauzin-Müller, ont toujours consisté à construire avec les ressources locales, avec sobriété, en s'adaptant aux contraintes géographiques et climatiques. Art éminemment contextuel, le vernaculaire produit une architecture spécifique, en lien avec les particularités d'un milieu, à l'opposé des réponses standardisées. Nous oublions cependant un élément essentiel : cette architecture se fait non seulement avec des matériaux locaux mais aussi grâce à un savoir-faire local, avec les personnes qui sont là. Étymologiquement, *vernaculus* désigne ce qui est "relatif aux esclaves nés dans la maison". La résonance avec les délaissés humains n'est pas anodine : faire une architecture vernaculaire, c'est aussi bâtir avec les gens du territoire, y compris les plus modestes. N'oublions pas cette dimension sociale essentielle, sous peine de retomber dans une architecture d'objet.

Mais quel est notre vernaculaire à nous, habitants des villes ? Qu'avons-nous à disposition pour bâtir ? Nous qui n'avons ni la paille de seigle du Vexin normand, ni les pierres de granit bretonnes, ni les châtaigniers des Cévennes, nous qui importons la majeure partie de nos matériaux ? Osons l'affirmer : nos ressources, ce sont nos déchets, tout ce que les villes rejettent, les bâtiments qu'elles s'apprêtent à détruire. Travailler avec les délaissés matériels et humains fait ainsi émerger ce qui serait un "vernaculaire urbain", lui-même au cœur de l'esthétique nouvelle que nous appelons de nos vœux.

Sans nul doute alors, cette esthétique s'appuiera sur une forme de transparence constructive, d'évidence pour le spectateur et usager : le bâtiment offrira comme à livre ouvert le récit de son histoire

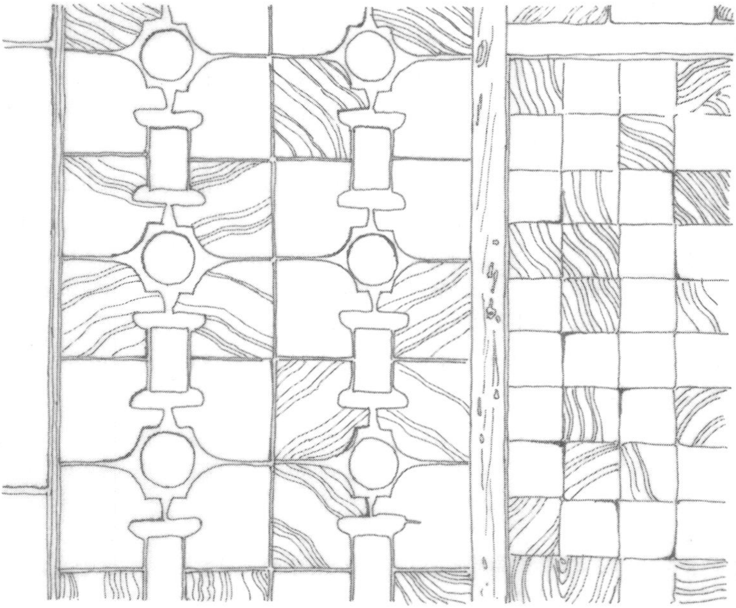

Détail de parquet de bois de bout en fenêtres de réemploi
par l'Atelier R-are

– l'origine de ses matériaux et la façon dont ils ont été assemblés. Nous aimons à croire que cette simplicité, cette compréhension immédiate, associées à la dimension mémorielle du réemploi à laquelle le public est de plus en plus sensible susciteront l'adhésion. Bien entendu, il s'agira également d'éduquer les regards à percevoir la beauté de ces délaissés redevenus désirables, à redonner leurs lettres de noblesse à ces matériaux mis sur la touche : bâches, faïences dépareillées, chutes de bois, petits bouts de riens. Où l'on songe, immanquablement, à Agnès Varda dans *Les Glaneurs et la Glaneuse*, filmant en gros plan, avec une tendresse infinie, les vieilles pommes de terre ridées et hors calibre qu'elle vient de glaner dans les champs...

8

RÉHABILITER LE CHANTIER

Dans le village de Tiébélé, au Burkina Faso, la tribu des Kassena a conservé son habitat traditionnel : des maisons en terre de 2 à 3 m de haut, décorées de motifs géométriques noirs, blancs, rouges formant un véritable labyrinthe. Le chantier de construction de ces maisons constitue un temps fort de la vie communautaire des Kassena. Car non seulement ils bâtissent eux-mêmes leurs habitations, mais ils le font ensemble, en un grand moment d'effort partagé. Le temps, l'énergie, l'attention qu'ils consacrent à bâtir ensemble ces logements font du chantier un temps de vie collective à part entière. Plus encore : c'est un temps de formation et de transmission. Leurs chantiers sont de véritables écoles, où les jeunes s'initient à l'art de la construction : ils assistent leurs aînés, les questionnent, et ce faisant non seulement apprennent un savoir-faire mais aussi s'intègrent à la société, s'approprient une culture.

Cet exemple, développé ailleurs par Philippe[1], ne nous éloigne de notre sujet qu'en apparence. Le fossé entre nos chantiers occidentaux et ce temps de rassemblement, d'apprentissage et de création d'un commun ne laisse pas, en effet, de nous frapper et de nous édifier. Le chantier tel qu'il est pratiqué chez nous à grande échelle est un lieu notoire d'inégalité et d'injustice, qui catalyse des rapports de domination d'une rare violence[2]. Malgré des contrôles renforcés, le secteur du BTP est celui où il y a le plus d'accidents et le plus d'arrêts de travail. Pourquoi ? Avant tout, en raison d'une course à la réduction des délais et des coûts. Mais aussi à cause d'une négligence chronique des sociétés de construction dans la prise en compte des charges lourdes, des gestes répétitifs et de l'instabilité de l'environnement du chantier qui usent et blessent précocement les corps des ouvriers. La profession d'architecte n'est pas directement prescriptrice de ces conditions. Cependant, elle s'en fait la complice en sacralisant ses objets tout en détournant le regard des relations sociales à l'œuvre sur le chantier, comme si cela ne la concernait pas. Cette tâche aveugle abîme profondément le sens du métier, de son utilité sociale et de sa valeur écologique.

Comment en est-on arrivés là ? Dès lors qu'on y prête attention, le chantier s'avère pourtant un moment d'une intensité exceptionnelle. Un espace-temps rare, sans équivalent dans les autres professions, qui a la faculté de réunir des acteurs et actrices très divers – en termes de métiers, de savoir-faire, de classes sociales et, de plus en plus, de genre. Cette extraordinaire richesse professionnelle, intellectuelle, humaine devrait être au centre de nos préoccupations, comme elle l'est dans l'architecture vernaculaire. Or, le fait est que le chantier, véritable laboratoire des relations sociales, est le grand absent du discours architectural. Pourquoi le chantier est-il ainsi négligé et discrédité dans le champ de l'architecture ? Comment avons-nous tenté de le réhabiliter dans le projet de la Ferme du Rail ? Qu'implique un tel changement de regard ? C'est tout l'objet de ce chapitre.

Une dévaluation de la matière

La déconsidération historique du chantier est tout d'abord le fruit d'une tradition qui valorise le *résultat* au détriment du *processus*. Nous l'avons dit plus haut et n'insisterons pas davantage, mais le fait est que c'est une approche encore prépondérante dans les écoles d'architecture, où l'on n'apprend pas suffisamment à savoir être au contact des autres, mais essentiellement à concevoir et dessiner. Comment s'étonner, ensuite, que les jeunes architectes arrivent sur le marché du travail animés d'un culte du produit ?

La dévalorisation du chantier s'explique par ailleurs par l'hégémonie culturelle de la *forme* sur la *matière*, dont témoigne au reste le terme "architecte" lui-même, si l'on veut bien remonter à son étymologie : composé des mots grecs *archè* (le principe, le commandement, le commencement) et *tectôn* (l'ouvrier, le charpentier), il désigne celui qui préside à l'opération de transformation de la matière sans y participer lui-même concrètement. L'architecte conçoit et commande ;

l'ouvrier fait. La dichotomie, héritée de l'hylémorphisme aristotélicien, se retrouve à l'époque médiévale, avec la hiérarchie entre les arts libéraux (intellectuels, intangibles, destinés à l'homme libre : la poésie, la géométrie, la musique, l'astronomie...) et les arts mécaniques, dits "serviles" (savoirs et techniques consacrés à la transformation de la matière : menuiserie, ébénisterie, ferronnerie...). Ce clivage, qui traverse toute la Renaissance, s'est notamment cristallisé sur le statut de la peinture. Ce n'est pas ici le lieu de creuser cette question, mais rappelons simplement que l'histoire de l'esthétique fut jusqu'au milieu du XIXe siècle une histoire de la dévalorisation de la matière et des opérations de sa transformation[3]. Quoi d'étonnant dès lors à ce que l'architecture ait elle aussi été marquée par une forte polarité entre l'acte de concevoir et celui d'exécuter ? Rompant avec l'architecture vernaculaire reposant sur des matériaux et des savoir-faire locaux, s'affranchissant progressivement de l'autorité des corporations des métiers de la construction, l'architecture savante a consacré la séparation du savoir et du faire et incarné une nouvelle répartition du pouvoir : d'un côté la tête ; de l'autre la main. Cette séparation s'est renforcée avec l'industrialisation de la production de matériaux. Au cours des deux derniers siècles, le marché de la construction a été proprement inondé de matériaux composites (béton, acier, verre, polymères, etc.). Performants, disponibles à bas coût et partout, faciles à utiliser, ces matériaux ont bouleversé l'organisation des chantiers : les architectes, libérés des contraintes liées à la disponibilité des matériaux et des savoir-faire locaux, ont pu se consacrer entièrement à la conception et au dessin de leurs ouvrages tandis que les ouvriers n'ont plus eu besoin de compétences spécifiques pour mettre en œuvre ces matériaux modernes. Dans une telle perspective, le chantier a été restreint au temps et au lieu de l'exécution, justifiant à son tour le statut hiérarchiquement inférieur de ceux qui y travaillent. En a progressivement résulté un morcellement des tâches, "réduites à des opérations dont l'opérateur – l'ouvrier – ne maîtrise pas la finalité à moyen et long terme[4]", l'architecte devenant alors celui qui fait tenir ensemble ce corps social morcelé, parcellisé, déqualifié autour d'un projet dont lui seul possède une vision globale.

Célébrer les matériaux

La charpente de la serre en cours de montage

À l'encontre de cette prééminence de la forme sur la matière, le chantier de la Ferme du Rail a accordé aux matériaux une place prépondérante. Le choix de matériaux issus du vivant, de matériaux délaissés, de matériaux hétérogènes ou irréguliers (taillis de châtaigniers sinueux, moellons de pierre, montants de fenêtres, bottes de paille, etc.) a obligé tout un chacun à changer de regard sur ces ressources et à travailler autrement. N'étant plus standardisée, formatée, cette matière exige une attention et une compétence particulières qui s'acquièrent par l'expérience, par l'engagement du corps autant que la compréhension théorique des règles de l'art. Si, bien entendu, des mesures scientifiques jalonnent le processus de mise en œuvre de la matière, celle-ci nécessite de connaître la bonne densité d'une botte de paille, d'apprécier la linéarité d'un rondin de bois ou la morphologie d'une pierre. Si nous travaillons la matière, la matière nous travaille en retour : "elle révèle nos forces", disait Gaston Bachelard. Véritable miroir énergétique, nous nous découvrons à son contact ; nous apprenons à ralentir, sans chercher à tout prix la vitesse d'exécution, à produire dans le respect du matériau et, intériorisant l'interaction entre ce dernier et notre corps, à assimiler progressivement le geste technique. Ce temps de transformation devient alors pour l'ouvrier un temps de compréhension de soi et de ses capacités, du sens de sa pratique, de reconnexion avec le monde. Il y a là un point fondamental. L'acte de fabrication ne consiste pas à donner forme à des matières passives et muettes. C'est tout le contraire. Elles ont toutes un langage qui s'exprime dès qu'on les travaille. Comme le dit l'architecte Renzo Piano : "La discipline formelle découle de la discipline de la matière et de celle du procédé de construction : elle en est l'expression visible, sensible et manifeste. Les deux aspects ne forment qu'une seule et même chose[5]." Mais pour retrouver ce rapport vivant au matériau, il faut aller plus loin, comme nous y invite aujourd'hui l'anthropologue Tim Ingold, et "penser le faire comme un processus de croissance. Ceci place dès le départ celui qui fait comme quelqu'un qui agit dans un monde de matières actives. Ces matières sont ce avec quoi il doit travailler et le processus de fabrication consiste à « unir ses forces » aux leurs, les rassemblant ou les divisant, les synthétisant ou les distillant, en cherchant à anticiper ce qui pourrait émerger[6]".

Un autre chantier est possible

Puisque, historiquement, le statut ancillaire de la matière est allé de pair avec l'infériorité hiérarchique des exécutants chargés de la mettre en œuvre, c'est assez naturellement que la revalorisation de la matière tend à une remise en question des hiérarchies sur le chantier.

Tout d'abord, parce que cette matière à qui l'on rend ses lettres de noblesse appelle la contribution des concepteurs et encadrants. Il y a un "appel" du bois, de la pierre, de la terre comme il existe un "appel de la forêt"[7]. Yves Reynaud, directeur de Travail et Vie, a ainsi pris part sans compter au travail sur le terrain ; Olivier Allard, partenaire jardinier de cette même entreprise, a largement participé à la mise en œuvre des murets et des jardins. Et si, pour notre part, nous regrettons de ne pas l'avoir fait à la Ferme, nous nous sommes depuis formés sur nos chantiers suivants aux techniques de construction en pierre sèche au contact d'Yvan Delahaye de l'association Elips (École locale et itinérante de la pierre sèche), murailler venu d'Ardèche, spécialisé dans la mise en œuvre de cette technique vernaculaire.

Nous avons souhaité par ailleurs que le chantier de la Ferme soit autant que possible un chantier démocratique, où les décisions se prennent de façon horizontale, où les individus se sentent respectés, où chacun puisse être fier de ce qu'il a réalisé. Au-delà de la traditionnelle réunion de chantier hebdomadaire, les maîtres d'œuvre ont été extrêmement présents, aidés en cela par l'implantation locale du projet : habitant et/ou travaillant dans le quartier, nous étions sur place, à l'écoute, dès qu'un besoin surgissait et avons ainsi vécu le chantier au jour le jour avec les ouvriers.

Au sein du collectif réuni pour piloter le projet, une *gouvernance partagée* s'est improvisée. Autour d'un objectif commun, chacun à titre personnel et chacune des structures se sont épanouis et développés dans le dialogue. Grâce à la culture commune déjà décrite, nos débats ont rapidement été constructifs. Dans notre noyau dur, chacun était souverain dans son champ, et chacun reconnaissait la compétence de l'autre. C'est ainsi que Travail et Vie nous a ouvert

Discussion collective autour de la maquette du futur projet

les yeux sur la nécessité d'un accueil global et sur mesure ; tandis que nous autres, architectes, leur laissions entrevoir la possibilité, relativement nouvelle pour un CHRS, d'un environnement qualitatif, à la fois écologique et accueillant. Si chacun conservait ses exigences, avons-nous rapidement compris, nous ne dériverions pas de notre objectif : œuvrer dans l'intérêt des futurs résidents de la Ferme. À tout moment, l'objectif partagé de travailler pour améliorer le bien-être de personnes en grande précarité nous a servi de garde-fou et de guide dans nos décisions. Contrant toute tentation de performance gratuite ; neutralisant les ego, les ambitions individuelles, la réémergence d'un leadership et d'une hiérarchie. Cette gouvernance ancrée dans une culture commune a également infusé certains de nos partenariats. Un dialogue nourri et une collaboration dans tous nos choix décisifs se sont ainsi instaurés dès le début des études avec Valérie Sniter, chargée de projet de la Ville de Paris pour l'appel à projets Réinventer Paris. Son soutien sans faille, bien au-delà du simple contrôle administratif du cadre réglementaire, témoigne de ces changements de paradigme dans les jeux d'acteurs public-privé du projet urbain.

Dans tous les arbitrages, *l'attention aux personnes* a été un souci constant, qu'il s'agisse de l'organisation de la vie de chantier (des locaux propres et accueillants pour tous, des repas conviviaux, l'ouverture au quartier), de la rémunération, estimée en concertation, voire réajustée en cours de route, ou encore des conditions de travail. Il est de la responsabilité de tous les prescripteurs de choisir les techniques ou les matériaux sur le critère déterminant des conditions de mise en œuvre pour l'ouvrier : quel sera le poids des éléments à manutentionner ? Les ouvriers risquent-ils d'être exposés aux polluants ou aux intempéries ? Quelle cadence leur

Un repas de chantier

sera imposée ? Notre intérêt pour les techniques vernaculaires et le low tech n'a jamais conduit à une posture passéiste : le recours à la mécanisation lorsqu'elle peut soulager les ouvriers des tâches les plus ingrates reste une évidence. Il importe de réduire toute forme de pénibilité dans les opérations de transformation de la matière, y compris l'ennui ou la monotonie. La répétition des gestes n'est pas nécessairement mécanique mais peut devenir une source de "gratification émotionnelle", pour reprendre une expression du sociologue Richard Sennett : "Faire et refaire une chose est une pratique stimulante, pour peu qu'elle soit organisée dans l'anticipation[8]." Ainsi, la mise en œuvre des murets en pierre sèche nécessite une manutention adaptée aux capacités mais elle a fait également appel à la jauge du maçon lorsqu'il choisit les blocs de pierre pour les marier harmonieusement et garantir la cohérence structurelle et esthétique de l'ouvrage. De même, le tissage des stores mis en œuvre par les Résilientes a permis de réintroduire de la créativité au sein d'une tâche répétitive et cadrée. Malgré la reproduction d'un geste, le choix des couleurs et des pièces à assembler laissait une part de libre appréciation et d'autonomie. Autre caractéristique d'un chantier plus démocratique : *le partage des risques* qui, reposant sur une grande confiance mutuelle, a permis parfois au collectif d'engager des choix délicats. Par exemple, lorsque l'Atelier R-are met en œuvre des parquets en bois réemployé, l'association étant encore en phase expérimentale sur ce produit, elle ne pouvait le garantir dans le temps. Malgré tout, Réhabail a accepté de prendre le risque de financer la démarche, en renonçant à se retourner contre le prestataire en cas de problème. Les relations hiérarchiques et autoritaires régnant dans le secteur du BTP s'expliquent en partie par ce fait accepté : qui assume le risque est seul décisionnaire. Inversement, la proximité (on connaît l'origine des matières, les personnes qui réalisent), la confiance mutuelle, l'engagement commun, la reconnaissance des savoir-faire des uns et des autres : tout cela rend possibles l'expérimentation et l'audace collective.

La chaîne d'acheminement des bottes de paille sur le chantier

La réussite de ce que nous avons imaginé comme un "chantier apprenant", lieu de collaboration et d'apprentissage pour tous, a reposé en partie sur la détermination, partagée avec Réhabail, Bail pour Tous et Travail et Vie, à attribuer un maximum de lots à des entreprises d'insertion, et autant que possible des missions qualifiantes. Le bail à construction concédé par la Ville de Paris comportait une clause en matière d'insertion sur la phase de chantier : l'objectif était de réserver au secteur un taux d'heures de travail supérieur aux moyennes habituelles, fixées à 6 % du coût de construction, soit, pour notre chantier, 2 080 heures. Ce genre de clause, plus courante dans le cas de marchés publics, est plus rare dans le domaine privé. Mais, au lieu de contractualiser directement avec des entreprises ou des chantiers d'insertion, les maîtrises d'ouvrage privilégient généralement des formes d'intérim au sein des entreprises de travaux classiques. Et les tâches le plus souvent attribuées se limitent au nettoyage de chantier ou autres travaux de

Bardage en châtaignier posé par les ouvriers en insertion d'ApijBat

manutention à faible valeur ajoutée. La volonté du collectif sur notre chantier fut au contraire d'attribuer directement des marchés aux entreprises d'insertion et d'offrir un environnement favorable à la formation à des métiers techniques. Sur les seize lots techniques, cinq ont été attribués à des entreprises d'insertion, notamment ce qui relevait de l'installation et de la vie de chantier, de l'enveloppe, de l'isolation, des cloisons, des espaces verts, des peintures. Ainsi, le chantier de construction a généré 19 165 heures pour le personnel en insertion d'ApijBat et de Travail et Vie (23 personnes concernées) – soit quasiment 10 fois plus que le minimum requis.

Les tâches relevant de l'écoconstruction (pose de l'isolant en paille, bardage en bois, construction et plantation des jardins) se sont avérées la plupart du temps formatrices et valorisantes pour les personnes chargées de les effectuer. Loin d'être une opération mécanique et routinière, l'assemblage des rondins de châtaignier nécessitait un soin particulier, une sélection précise qui met en valeur au mieux cette matière hétérogène. Pour la petite histoire, Hubert Brossault, l'exploitant déjà mentionné, avait accompagné cette étape de mise en œuvre en notant des consignes au feutre à même les rondins de bois. Les premiers jours, ce passionné est allé jusqu'à dormir sur le chantier. C'est dire son implication – et combien les salariés des entreprises d'insertion ont bénéficié sur place d'un encadrement technique sur mesure, leur permettant non seulement d'exécuter leur tâche, mais d'apprendre et de se qualifier.

Parallèlement, les artisans "conventionnels", non issus de l'insertion, ont bénéficié des interactions entre les différents corps de métiers, de l'ambiance générale du chantier, du choix de construction (réemploi, matières biosourcées) qui ont pu réinterroger leur pratique. Ainsi le carreleur qui s'est prêté au jeu du calepinage de carreaux de faïence en réemploi.

Les maîtres d'œuvre n'ont pas été en reste. Nous aussi, architectes, et au premier chef Julia Turpin qui en a assuré le suivi régulier, avons énormément reçu au cours de ce chantier : en observant les ouvriers, en mobilisant et interrogeant les différents acteurs intermédiaires de la filière, en partageant leurs enjeux économiques et logistiques.

La mise en œuvre de l'isolation en bottes de paille par ApijBat

Cette implication partagée quant au devenir du bâtiment a profondément modifié notre positionnement : nous n'avions plus pour but de faire œuvre ou d'optimiser le coût de mise en œuvre, mais bien de concevoir *avec* les artisans, compte tenu des moyens humains et matériels dont nous disposions, en partageant les enjeux de façon beaucoup plus horizontale. De la sorte, la perméabilité des valeurs portées par les uns et les autres, l'infusion de nos méthodes respectives ont-elles contribué à l'invention de nouvelles pratiques.

Convaincus d'avoir beaucoup à apprendre de la part des artisans, nous consultons nombre d'entre eux au même titre qu'un bureau d'études, y compris dans le cadre de la commande publique. Plus en amont encore, nous apprenons à concevoir avec eux, à intégrer leurs contraintes de chantier, leurs savoir-faire et leur appétit pour telle ou telle technique avant même de dessiner. De plus en plus, nous faisons en sorte qu'il soit possible de connaître, dès la phase de conception, quels acteurs assureront la mise en œuvre. Aussi paradoxal que cela puisse paraître, c'est une situation que l'architecte ne rencontre que très rarement. Tel un scénariste ayant en tête un acteur pour un rôle, notre dessin s'adapte à l'artisan, ses savoir-faire et ses moyens. Pour la restauration de la Maison des Canaux notamment, nous avons poussé plus avant la co-conception avec les entreprises locales à chaque étape du projet.

Bien entendu, la construction de la Ferme n'a pas été épargnée par les coups de gueule et les tensions. Les premiers temps du chantier, par exemple, ont été particulièrement laborieux avec un embourbement dans les arbitrages quant aux volumes de terres polluées à évacuer et par la suite un défaut de protection à la pluie de la toiture des logements, isolée en paille, nécessitant le remplacement des bottes dans leur quasi-intégralité et causant le découragement des équipes d'ApijBat. Cependant, Réhabail, et plus spécifiquement Fabienne Landeroin, a toujours laissé place au débat contradictoire, ce qui a permis de surmonter les blocages.

Repas de chantier

Ce n'est pas mentir de dire que, d'un chantier comme celui de la Ferme du Rail, tous les acteurs sont sortis transformés, que ce soit sur un plan technique ou social : travailleurs en insertion, remobilisés, dotés de nouvelles compétences (compostage, écoconstruction, réemploi), ayant gagné en savoir-être en collectivité ; artisans issus de la construction "classique" ; encadrants techniques et éducateurs ; architectes et ingénieurs ; maîtres d'ouvrage... Certes, le soin accordé aux personnes, le temps consacré à la transmission sont susceptibles de rallonger la durée du chantier (ce qui n'a pas été le cas pour la Ferme), mais le jeu en vaut largement la chandelle, et cela cesse du reste d'être un problème dès lors qu'on ne regarde plus le chantier comme un simple moyen mais comme une fin en soi.

À la Ferme du Rail, nous avons eu collectivement à cœur de réhabiliter le chantier. En imaginant d'inverser toutes les oppositions mentionnées plus haut, nous avons découvert à quel point elles sont liées entre elles : quand on redonne à la matière la dignité et l'attention qu'elle mérite, c'est toute la hiérarchie des moyens et des fins qui se trouve bouleversée. Traditionnellement, le chantier est perçu comme un moyen au service d'une fin ultime, à savoir la production de l'objet architectural. La "fin justifiant les moyens", personne n'a de scrupule à passer au crible ce qui devient une simple variable d'ajustement, à rogner sur les temps d'exécution, sur les coûts, sur les conditions de travail des ouvriers, sur la durabilité des matériaux, au nom d'une illusoire "optimisation". Mais le chantier devenu lieu de vie, d'échange, d'apprentissage pour tous, le processus à son tour devient aussi important que le produit fini, le "moyen" aussi noble que la "fin". Le chantier ainsi compris est le moyen de réaliser un beau bâtiment tout autant que le bâtiment est le moyen de réaliser un beau chantier, de rencontrer de belles personnes et de partager de belles expériences. Chantier et bâtiment sont une fin en soi, sans que l'un soit au service de l'autre.

Dès lors, le rapport hiérarchique entre architecte et exécutant se trouve réinterrogé. Le bâtiment n'est plus conçu comme un produit sorti de terre *ex nihilo*, mais il devient le fruit d'une dialectique entre conception et mise en œuvre. Comme l'écrit l'architecte Pierre Bernard, "construire devient aussi la condition de concevoir. Le chantier est le moment d'une expérience unique qui nourrit la conception[9]". Notons au passage avec lui que ces allers-retours entre conception et fabrication ne sont pas prévus parmi les phases de travail balisées linéairement par l'ingénierie architecturale – esquisse, avant-projet, projet, puis chantier et réception des travaux –, qui exigent que chacune soit terminée avant que la suivante commence. Où l'on voit combien les pratiques sont corsetées et encore long le chemin à parcourir pour décloisonner les fonctions et réinvestir cet espace politique qu'est le chantier. Et ce, pas uniquement avec l'ouverture du chantier au public, en un geste culturel épris de transparence, mais en s'intéressant de près à la façon dont on y travaille ensemble, dont on y fait société.

Le chantier ne saurait demeurer le lieu de la reproduction (de techniques, de rôles, de rapports de domination...). Bien au contraire, il est un espace et un temps d'habilitation, dont tous les acteurs devraient sortir grandis, plus compétents, à la fois individuellement et collectivement. Persister à croire que le chantier est un temps blanc, qui ne compte pas, ce serait comme nier que, dans le temps de la grossesse, l'enfant est déjà là, et non seulement croît, mais modifie déjà les identités et les relations au sein de la famille qui va l'accueillir...

La métaphore nous incite à réintroduire de la continuité dans ce qui était pensé comme rupture : continuité entre le savoir et le faire, entre la conception et la mise en œuvre, entre un "avant" et un "après" du chantier. De même que la Ferme du Rail existait déjà avant le début de la construction proprement dite, par le biais de l'activité de compostage, de même la "livraison" n'a pas marqué de rupture forte. Deux ans après, nous continuons d'être présents sur les lieux, d'échanger avec les habitants… En ce sens, le chantier n'est pas tant un lieu, un temps et une activité nettement circonscrits qu'un processus permanent créateur de valeurs sociales, culturelles et politiques. Comme chez les Kassena, chacun sort de l'expérience transformé, et l'acte même de bâtir se pare d'une dignité nouvelle.

9

CONSTRUIRE AVEC LE VIVANT

Historiquement, la ville s'est construite par opposition à la nature sauvage, c'est-à-dire non domestiquée. "La civilisation occidentale a défriché son espace au cœur des forêts et fondé contre elle ses principales institutions", nous rappelle Robert Harrison[I] : champs cultivés, cités, règne du droit et de la religion s'arrêtaient jadis à la ténébreuse frontière de ce monde indompté. Les villes, chargées de mettre à distance tout ce qui risquait d'échapper à la maîtrise humaine, sont ainsi de formidables technocosmes – des environnements artificiels qui, à des fins de contrôle, de calcul, de prévisibilité, ont, à défaut de la contenir, repoussé à l'extérieur de leur enceinte la nature non domestiquée. L'architecture elle-même s'est pensée jusqu'à aujourd'hui comme un abri nécessaire pour protéger les humains d'un environnement hostile, qu'il s'agisse du climat ou des bêtes sauvages, rejouant sans cesse la scène originelle de la cabane d'Adam ou du vol de feu prométhéen, comme preuve d'un mode d'habiter marqué par la technique qui sépare les humains du reste des animaux.

Tout cela explique pourquoi, en architecture, la question de notre relation au vivant a longtemps été occultée. Elle suscite aujourd'hui un intérêt nouveau, pour une raison simple : nous ne pouvons plus ignorer combien tout acte de transformation de notre environnement, d'aménagement de l'espace, *a fortiori* de construction architecturale, exerce un lourd impact sur les milieux habités, que ce soit par les humains ou les non-humains – artificialisation des sols, mise en péril de la biodiversité, exploitation des ressources et fragilisation des écosystèmes, fragmentation des milieux naturels, émissions de gaz à effet de serre et pollutions liées aux activités d'extraction et de mise en œuvre de la matière... Toute transformation anthropique d'un lieu bouleverse un espace occupé par de nombreux organismes vivants cohabitant avec nous. L'enjeu est devenu incontournable.

Ce chapitre entend rendre compte de la façon dont nous avons abordé la question du vivant à différents stades du projet de la Ferme du Rail et surtout, au-delà de ce qui a été effectivement réalisé, partager les réflexions que nous avons développées à cette occasion.

La Petite ceinture, en libre évolution

Attardons-nous pour commencer sur l'implantation du projet. La parcelle concernée, comme on le sait, jouxte la Petite ceinture. Or, ces trente-deux kilomètres de voie ferrée, aménagés à la fin du XIXe siècle et désaffectés d'abord en 1934 pour les voyageurs et en 1993 pour le fret, constituent un territoire unique à Paris, proprement soustrait à la vie citadine. Des études ont souligné son rôle écologique crucial et tenté un inventaire des espèces qui s'y sont implantées – au total 590 espèces, faune et flore confondues[2]. Davantage que cette comptabilité, le plus remarquable est que cette recolonisation s'est opérée en dehors de toute action de préservation volontaire et de présence humaine. À la différence des grands espaces verts parisiens que sont le bois de Boulogne, Vincennes ou encore les Buttes-Chaumont, la Petite ceinture est un espace non domestiqué[3], de libre évolution – le seul en son genre dans la capitale. Bien que grillagé, interdit d'accès, pas toujours visible, cet espace unique exerce sur les citadins depuis des décennies une attraction à la mesure de sa puissance symbolique : celle d'un véritable "anneau de vie" au sein d'une ville extrêmement minérale comme Paris.

Cela étant rappelé, on comprend la responsabilité pesant sur quiconque envisage de construire alentour. Comment s'implanter en bordure de la Petite ceinture sans en bouleverser l'équilibre, sans mettre en péril les bienfaits de ce lieu en friche et plein de vie ? Ce qui nous importait alors était de défendre un programme de moindre impact qui, à la fois, préserve cette ceinture sauvage et renforce à son tour la biodiversité, autrement dit qui aille dans le sens de la dynamique du vivant. Outre les jardins, le bâtiment lui-même contribuerait à augmenter les espaces de vie : végétaliser les toitures, les façades et les coursives, en plus de servir un objectif de production, permettrait aussi d'accueillir de la biodiversité en continuité avec la Petite ceinture.

Retrouver un sol vivant

Très vite, toutefois, s'est posée la question des sols, lorsque nous avons découvert que la parcelle, anciennement occupée par un garage sans scrupule, était largement polluée : hydrocarbures, carcasses de voitures peu à peu enfouies dans le sol, à quoi s'ajoutaient d'anciens remblais ferroviaires – bref, un amas de déchets et une terre "empoisonnée", qui expliquaient en partie que la zone ait été à ce point délaissée, tout entière à restaurer. La situation était complexe : d'un côté, ce sol était malgré tout encore vivant et il ne s'agissait pas de faire table rase pour repartir de zéro. Mais d'un autre côté, la phytoremédiation (dépollution du sol grâce à des champignons et des plantes) était un processus beaucoup trop long par rapport au temps du projet. Face à ce constat, la paysagiste Mélanie Drevet a tout de suite eu l'idée de recourir à la reconstruction des sols par la fabrication de compost, ce qui allait s'avérer un geste fondateur puisque, comme nous l'avons vu, la mise en route de l'activité de compostage a donné vie à la Ferme et permis de créer des liens dans le quartier plusieurs mois avant le démarrage du chantier et reste aujourd'hui son meilleur vecteur d'insertion par l'activité.

Pour différentes raisons essentiellement logistiques, la Ville de Paris ne proposait à cette époque aucune solution de collecte de déchets organiques. S'il existait déjà à Paris des acteurs du développement de la collecte et du compost, tels que Les Alchimistes ou l'École du compost qui sont devenus des partenaires[4], les démarches innovantes en agriculture urbaine se tournaient plutôt vers des solutions en milieu contrôlé, avec des productions boostées plus ou moins artificiellement, hors-sol ou à forte valeur ajoutée (voir chapitre 1). Travailler à partir des déchets organiques pour recréer des sols fertiles, ainsi que le proposait Mélanie, était une pratique encore peu développée, dont se détournaient les projets à visée productive. Et pourtant, avant d'envisager de nourrir les villes avec une production *intra-muros*, n'est-il pas pertinent de se pencher sur la nature de nos sols et des soins à leur apporter ? L'apport de terres végétales de sites tiers pour la création de jardins ou d'espaces de culture n'est pas sans impact : impact énergétique lié à leur transport ; impact économique car étant insuffisantes sur certains territoires ses prix ont tendance à grimper ; enfin et surtout impact sur les sites tiers privés de matière fertile. La stratégie des jardiniers et paysagistes de la Ferme – Mélanie Drevet, Philippe Peiger et Olivier Allard – a consisté à limiter au maximum cet apport en faisant avec ce qui était déjà là. Dans un premier temps, il a été nécessaire de terrasser et d'évacuer les terres les plus polluées qui ne pouvaient être traitées *in situ*. En parallèle, comme nous l'avons dit, l'activité de collecte et de compostage tout au long du chantier a permis l'élaboration d'un substrat en quantité composé de compost et de matières inertes non polluées présentes sur le site (marnes non fertiles, déchets de chantier...). Bien que les procédés restent vraiment low tech, on peut parler de technosols, puisque pour prévenir tout transfert de pollution le substrat ainsi élaboré est désolidarisé de la roche mère par un simple géotextile ou bien placé dans des bacs de culture. On ne saurait donc parler d'un véritable "sol", qui serait composé pour sa part de débris de roches, de sable, d'argile, de résidus de plantes et d'animaux morts, le tout reposant en différentes couches sur une roche mère entièrement minérale. À Paris comme dans toutes les grandes villes, un tel sol vivant n'existe plus : la terre que nous foulons est totalement artificielle et traversée d'un entrelacs de réseaux techniques – gaines, tuyaux, voies de métro –, sans compter que le sous-sol, offert à "l'urbanisme souterrain", fait désormais l'objet d'une nouvelle forme de colonisation.

La préparation des substrats issus du compost le long de la Petite ceinture pendant le chantier

Le sol créé à la Ferme nous a ouvert les yeux sur ce qu'est un sol vivant. Sur son importance. Sur la nécessité de rompre, en architecture, avec une approche surfacique, réduisant le sol à n'être qu'une aire sans profondeur accueillant un objet. Certains architectes, il est vrai, déploient une approche des sols attentive aux générations de projets antérieures sur le site, mais ils s'intéressent surtout au palimpseste historique et culturel, non à celui du vivant. L'enjeu pour les villes est désormais de repenser l'espace dans toute son épaisseur, de retrouver un rapport vivant à des sols vivants. Ce n'est guère autre chose que prônent ces mouvements citoyens attachés non seulement à végétaliser la ville mais aussi à la débitumer. Bien évidemment, ces sols urbains régénérés ne sont pas vivants au même titre qu'une forêt, mais ils demeurent néanmoins le signe d'une nouvelle alliance entre les citadins et d'autres espèces, enfin reconnues comme nécessaires à la vie humaine. Cette action, au demeurant, n'est pas unilatérale : les sols aident les hommes autant que les hommes aident les sols. Pour notre part, nous en avons pris conscience par le dialogue nourri avec Mélanie et l'observation des pratiques des jardiniers : travailler collectivement à la revivification des sols de la Ferme a été une grande source de satisfaction, de plaisir, de fierté. Loin d'être uniquement un geste technique, c'est une activité totale, qui nous travaille de l'intérieur et ravive l'estime de soi en même temps qu'elle intensifie la vie.

Horizon permaculturel

Ce sol redevenu viable ouvrait la question du maraîchage, elle-même étroitement liée à celle du vivant, dès lors que les espèces de fruits et légumes que l'on cultive sont vouées à attirer différentes espèces végétales et animales, insectes, pollinisateurs, petits mammifères... Nous avons évoqué (chapitre 2) l'importance de la permaculture dans la conception de notre projet. Si, dans les faits, les méthodes de culture mises en œuvre à la Ferme ne relèvent sans doute pas d'une permaculture puriste[5], la démarche, nous semble-t-il, importe ici davantage que les résultats. La permaculture ne se limite pas à un mode de production agricole. Il ne s'agit pas seulement de créer des environnements sains et nourriciers mais tout autant de régénérer des interdépendances socioécologiques qui permettent la perpétuation de la vie sous toutes ses formes[6]. Le "prendre soin de la terre", à la croisée des pensées du care et du biorégionalisme, implique de changer radicalement de perspective en prenant conscience de la capacité d'actions des êtres vivants non humains et des relations qui nous unissent à eux. Comme l'ont souligné chacune à leur manière la philosophe Maria Puig de la Bellacasa et l'anthropologue Anna Tsing, le soin n'est pas qu'une considération des besoins et du bien-être de l'autre, c'est aussi un combat pour la défense d'un monde commun en créant des alliances avec les non-humains qui supposent un art de faire, des tactiques et des arbitrages, toujours changeants pour lutter contre les forces destructrices du tissu de la vie[7]. L'approche permaculturelle nous a ainsi permis de poser un certain nombre de questions qui débordent de la seule production agricole : comment penser des activités de transformation de la matière organique ou inorganique qui n'impactent pas les milieux et participent au maintien de la biodiversité ? Comment travailler *avec* les vivants et non pas contre eux ? Comment renforcer notre capacité d'attention, de relation et d'alliance ?

À cet égard, il nous a paru juste de laisser au sein même de la Ferme des espaces de libre évolution, parallèlement aux espaces cultivés et en prolongement de ceux de la Petite ceinture. Symboliquement, il était important pour nous que le site comporte les deux modèles – des espaces maraîchers cultivés et des espaces non domestiqués en perméabilité avec les talus semi-sauvages de la Petite ceinture –, dont la coexistence est en soi une leçon de vie.

Les premiers nous donnent confiance en notre capacité à produire sans exploiter. Le fait, en cultivant, de prêter attention à d'autres êtres vivants est fondamental pour développer une pensée écologique, un attachement au vivant, une plus grande connexion au monde : ainsi devient-on plus sensible aux saisons, à la nature des sols, aux insectes... La dimension pédagogique du maraîchage est essentielle à la Ferme.

Le sol vivant de la Ferme

Les seconds, les espaces soustraits au territoire anthropisé, “fragment indécidé du jardin planétaire”, pour reprendre l’expression du paysagiste Gilles Clément, avec qui Mélanie Drevet a travaillé pendant plusieurs années, définissent le tiers paysage[8], intensifient le sentiment de notre liberté face au spectacle foisonnant de tous les vivants évoluant sans maître. Saint François d'Assise recommandait ce même principe dans les monastères : que soit conservé un espace de libre évolution, pour rappeler chaque jour aux moines ce que la nature sait faire par elle-même, sans notre intervention. Et cette évidence : la nature est donatrice mais pas exclusivement à notre intention. Dans ces espaces, nous sentons que le désordre apparent cache un ordre supérieur, une dynamique complexe, évolutive, dont nous nous faisons l'observateur plus que l'ordonnateur.

Il ne s'agit pas de choisir entre ces deux types d'espace : la zone cultivée et celle de libre évolution. Les deux sont essentiels et complémentaires, et nous montrent que les voies d'accès au vivant sont multiples.

Une éthique pour les matériaux biosourcés

La phase de construction elle-même interroge évidemment notre relation au vivant, pour toutes les raisons déjà mentionnées liées à l'extractivisme et à la consommation de matériaux. Pour les architectes, c'est sous cet angle que se pose de façon la plus immédiate la question du vivant : celle du *choix des matériaux,* qui rejoint la question des sols. Les matériaux biosourcés viennent de sols vivants et retourneront à la terre s'ils sont bien mis en œuvre. En revanche, les matériaux industriels issus de la pétrochimie nécessitent non seulement une extraction massive mais, une fois exploités, ils deviennent des déchets destinés à être enfouis dans les sols, incinérés ou au mieux recyclés par un processus industriel. Dans le premier cas, l'utilisation du matériau s'inscrit dans le cycle du vivant ; dans l'autre il rompt avec lui et crée des "boucles vicieuses" : les sols sont d'abord excavés en quête de minerais pour être, à l'autre bout de la chaîne, emplis de déchets nocifs.

Pour autant, nous ne considérons pas que l'emploi de matériaux biosourcés soit la réponse à tout. Que l'on nous comprenne bien : il ne s'agit pas de critiquer les promoteurs de cette démarche militante qui s'emploient courageusement à sortir de la construction conventionnelle. Nous travaillons nous-mêmes en bio- et géosourcé et sommes acteurs de ces réseaux. Nous nous reconnaissons par exemple dans le *Manifeste pour une frugalité heureuse et créative*, rédigé par Dominique Gauzin-Müller (architecte et chercheuse), Alain Bornarel (ingénieur) et Philippe Madec (architecte et urbaniste), qui appelle à une réforme radicale de l'acte de construire, et qui fédère aujourd'hui de nombreux acteurs de l'architecture écologique[9]. Mais, au sein même de ce bastion, nous souhaitons soulever des questions dans l'optique de poursuivre le dialogue et nourrir la réflexion commune.

L'attention aux matériaux biosourcés, rappelons-le, s'est développée en architecture dans un contexte bien particulier : celui de la raréfaction des ressources et du réchauffement climatique. Il s'est agi alors de chercher des ressources renouvelables et propres à diminuer nos bilans carbone. De ce point de vue-là, la démarche est sans conteste éminemment vertueuse.

Toutefois, elle fait souvent l'impasse sur la question du vivant. Or, le fait qu'un matériau soit biosourcé, c'est-à-dire qu'il provienne de la biomasse, ne dit rien de sa qualité ni de ses modalités d'obtention. Celles-ci s'avèrent pourtant très variables. Il n'y a aucune commune mesure entre des plantations monospécifiques d'arbres et de véritables forêts ; entre des coupes rases et des pratiques de sylviculture douce ; entre du bois local et du bois exotique importé de l'autre bout de la planète. Tout sépare également la paille cultivée en agriculture biologique de celle, bourrée de pesticide, issue de l'agriculture intensive. Cela est vrai de tous les biosourcés. Et que dire de ces matériaux "naturels" (coton, caoutchouc, bois), dont la demande s'est traduite et se traduit encore par les pires formes d'exploitation humaine. Pour nous, donc, l'emploi des matériaux biosourcés ne va pas de soi tant que l'on ne pense pas leur mode de production, d'obtention et de mise en œuvre. Ou, pour dire les choses autrement, tant qu'on ne les replace pas dans une écologie des relations qui s'assure que leurs usages vont dans le sens des écosystèmes, favorisent le maintien, l'intégrité et la dignité de la vie, tant dans son sens biologique que politique.

Par exemple, le service d'urbanisme de la mairie de Rosny-sous-Bois, forte d'une maîtrise d'œuvre interne engagée, se livre depuis 2012 à diverses pratiques expérimentales. Pour la construction du centre de loisirs Jacques-Chirac, les architectes de la ville ont ainsi décidé de valoriser la richesse forestière d'Île-de-France, en privilégiant la sylviculture douce, avec abattage de petits sujets à la main, débardage équestre respectueux du reste de la forêt et recours à des scieries mobiles pour éviter d'avoir à exporter la matière à transformer. Il ne s'agit plus là d'exploitation industrielle, mais d'une utilisation ponctuelle, liée à un besoin spécifique. Cela témoigne de la possibilité d'une autre relation aux matériaux en bois. On nous objectera qu'une telle démarche ne saurait répondre à un besoin de masse. Certes. Mais n'est-ce pas précisément l'occasion de réfléchir à nos besoins réels ? Au fait que le bois est propice à la surélévation ou à l'extension de bâtiment existant qui pourrait se substituer à la construction neuve ? Aux volumes de production et dimensionnement des éléments nécessaires ? Au lien entre usage plus frugal et exploitation plus respectueuse ? Inversons la perspective : au lieu de contraindre les écosystèmes à nos besoins, ne pourrait-on pas repenser nos modes de production et de construction en fonction de ce que les milieux vivants peuvent réellement nous offrir ?

Un autre élément amène à envisager différemment le recours au biosourcé : dans la construction, même les matériaux biosourcés sont… morts. La remarque peut sembler triviale mais elle pose de véritables questions : quand on fait pousser du chanvre ou du bois dans la seule perspective de l'exploiter, qu'en est-il de notre relation au vivant ? Que l'on célèbre la force de vie des arbres, leur puissance de génération pour les priver ensuite de toute agentivité et les réduire au rang de produits ? Peut-être cela tient-il au fait qu'un arbre a aujourd'hui plus de valeur mort que vivant ? Cette contradiction signale en tout cas une absence de réflexion éthique sur l'acte de construire avec un matériau issu du vivant. Comme le souligne Hannah Arendt en critiquant l'instrumentalisation par l'Homme du monde qui l'entoure, "la fin justifie la violence faite à la nature pour obtenir le matériau, le bois justifie le massacre de l'arbre, la table justifie la destruction du bois[10]. [...]". Ce n'est pas parce qu'on construit en bois qu'on peut s'exonérer d'une analyse quant à notre relation à un autre être, un arbre en l'occurrence, qui mérite aussi attention et considération.

Là encore, soyons clairs : il ne s'agit pas de s'interdire tout recours au bois. Nous affirmons simplement que les constructeurs ne peuvent ignorer que les arbres sont des êtres vivants. En avoir conscience, en refusant de les réduire au rang de matériaux à notre disposition, est une façon plus juste d'entrer en relation avec eux, y compris quand on les coupe. Pensons ici aux pages sublimes d'Aldo Leopold dans l'*Almanach d'un comté des sables*, où chaque mouvement de scie, plein de gratitude, trace son chemin dans le tronc d'un chêne centenaire, témoin indifférent des tribulations humaines, remontant, au fil de ses cernes annuels, l'histoire américaine jusqu'aux premiers migrants[11].

Le même type de réflexion s'applique à l'expression "ressources naturelles", qui est un oxymore dénué de sens, ne servant qu'à justifier l'appropriation indue des bienfaits partagés de la terre. Nous ne sommes ni les propriétaires ni les seuls habitants des milieux où nous puisons. Parler de ressources en bois ou de bio-matériaux stockeurs de CO_2, c'est oublier que les arbres existent d'abord pour eux-mêmes et qu'ils croissent au bénéfice de l'ensemble des vivants humains et non humains qui en dépendent. Loin de s'interdire tout usage de ces matériaux, il s'agit d'en user en conscience, sans plus considérer le monde comme un stock de ressources à notre disposition.

Pour nous, les seules choses que l'on peut décemment qualifier de "ressources" sont celles qui ont déjà été produites, transformées, et qui constituent les immenses réserves déjà mises en œuvre dans les constructions humaines[12]. C'est ce que nous avons tenté de faire en expérimentant le réemploi à la Ferme et en l'ancrant profondément dans nos pratiques par la suite : faire avec le déjà là, ne plus rien prendre aux écosystèmes, les laisser se fortifier. Et si la démonstration nous était faite que le bâti existant ne peut répondre à nos besoins, alors ne jamais prélever quoi que ce soit de vivant sans avoir d'abord appris à le connaître, à le respecter et à l'aimer.

Les premières cultures de tomates sur le toit

*

Le réchauffement climatique s'impose aujourd'hui comme l'une des préoccupations majeures des architectes. La profession prend pleinement conscience de l'impact environnemental des activités de construction. Qu'il s'agisse des procédés d'extraction, de la production et de l'acheminement des matériaux, ou de ce qu'impliquent la construction, le fonctionnement et la démolition d'un bâtiment, l'horizon commun est désormais celui de la réduction des gaz à effet de serre ou du bilan carbone. Il s'agit évidemment d'un objectif légitime. Cependant, il a pour principal défaut de réduire l'architecture écologique à une question technique, portant principalement sur la consommation d'énergie du bâtiment, en laissant de côté non seulement les grands enjeux sociaux de l'écologie mais aussi ceux liés à une reconsidération des êtres vivants non humains. Or ce sont là deux versants qu'il importe de tenir ensemble.

Au moment de conclure ce livre, nous voudrions rappeler que la lutte pour la création de solidarité avec les paysans, pour un logement et un travail dignes, pour la suppression des rapports de domination sur les chantiers de construction n'est pas dissociable de la reconnaissance des vivants non humains : de leur présence, de leur rôle et, très certainement, de leurs droits[13]. Il est nécessaire d'aller bien au-delà de la seule "préservation des ressources et de la biodiversité". Dans les documents d'urbanisme, on parle encore de "trame verte" (pour désigner les espaces végétalisés), de "trame brune" (la terre), de "trame bleue" (l'eau) ou "noire" (la nuit) – une terminologie au service d'une logique comptable, quantitative, et non d'une pensée de la relation. Ces mots abstraits vident la vie de ce qu'elle a de plus concret et de plus singulier : où est la fluidité, la fraîcheur de l'eau dans le vocable "trame bleue[14]" ? Que reste-t-il du mystère et de l'épaisseur de la nuit dans la formule "trame noire" ? La richesse symbolique et le lien sensoriel vécu avec ces éléments s'en trouvent asséchés. Si l'intention est louable, ces mots se retournent contre ceux qui s'efforcent de promouvoir une approche plus écologique de l'architecture et de l'urbanisme : ils obéissent aux normes mais, en même temps, ils épuisent nos expériences de vie et nos imaginaires. Or nous avons plus que jamais besoin de fertiliser notre imaginaire… Le chêne pubescent, le cynips du rosier, la mésange charbonnière ou la pariétaire de Judée sont des acteurs du monde au même titre que nous. Les appeler par leur nom, cesser de les considérer comme des "parasites" ou des "ressources", c'est redonner une "voix active"[15] à ces êtres autres et permettre qu'ils deviennent enfin nos interlocuteurs. Condition *sine qua non* pour construire *avec* le vivant et non plus *contre* lui.

Le philosophe Baptiste Morizot nous rappelle très justement que "la crise écologique actuelle, plus qu'une crise des sociétés humaines *d'un côté*, ou des vivants *de l'autre*, est une crise de nos *relations* au vivant. C'est spectaculairement d'abord une crise de nos relations productives aux milieux vivants, visible dans la frénésie extractiviste et financiarisée de l'économie politique dominante. Mais c'est aussi une crise de nos relations collectives et existentielles, de nos branchements et de nos affiliations aux vivants, qui commande la question de leur *importance*, par lesquels ils sont de notre monde, ou *hors* de notre monde perceptif, affectif et politique[16]".

Si nous reconnaissons l'importance de ces relations qui rendent possible l'habitabilité de la Terre, nous pourrons mettre en œuvre les "égards ajustés" décrits par le philosophe, c'est-à-dire un rapport de réciprocité avec le vivant, fondé non sur un nivellement ou une quête d'égalité absolue, mais sur une reconnaissance des diverses manières d'être vivant, et dès lors une confrontation des intérêts, une négociation pour un partage de l'espace[17]. Le documentaire *Honeyland*[18] offre un bel exemple de ces relations d'interdépendance diplomatique, en peignant le portrait d'une apicultrice macédonienne : sans ruche artisanale ni protection d'aucune sorte, Hatidze repère les nids d'abeilles cachés dans les rochers, les observe, en prend soin et met un point d'honneur à ne récolter que la moitié du miel, juste ce qu'il lui faut pour gagner sa vie, laissant l'autre moitié aux butineuses pour leur propre subsistance.

Notre architecture doit laisser place à une conception plus écocentrée du monde en prêtant davantage attention aux êtres qui nous entourent, qu'ils soient humains ou non humains, en les considérant tous comme des acteurs pour la défense d'un monde viable, digne et juste. Mais comment traduire cette idée fondamentale dans la conduite de nos projets de construction ? Peut-être avant tout en cessant de considérer que l'architecture concerne exclusivement les êtres humains. Nos bâtiments, quand ils ne détruisent pas les conditions d'habitabilité du monde, peuvent constituer de précieux lieux de vie pour certaines espèces animales et végétales. Et plus encore, ils pourraient être conçus en intégrant les points de vue et les besoins des vivants non humains, tout comme nos espaces publics, qui sont de fait investis par de nombreux autres avec lesquels nous devons apprendre à composer. Il est temps de laisser derrière soi le grand récit de la discipline architecturale fondé sur la nécessité de se protéger du monde, *a priori* menaçant, jusqu'à nous y rendre imperméables. Pourquoi ne pas raconter plutôt une autre histoire de l'architecture, non plus fondée sur un geste de défiance, mais sur l'envie de s'ouvrir – au climat, aux saisons, aux autres êtres vivants trop longtemps ignorés et délogés ? L'horizon de l'architecture, aimons-nous à croire, est de devenir un tel dispositif de couplage, permettant de cultiver les relations, d'être avec d'autres, et de leur faire une place, qu'elle soit littérale ou plus symbolique, en incitant par exemple – premier pas non négligeable – à réfléchir à la manière dont nous cohabitons tous ensemble.

La question, aujourd'hui, n'est plus tant de savoir sur quelle surface géométrique se bâtit un projet mais comment créer des équilibres, cohabiter, partager l'espace et les ressources en vue du bien-être de tous les êtres humains et non humains. Or, tout cela ne saurait s'envisager que sur un sol vivant.

ANNEXE

La liste ci-dessous rend compte des structures publiques et privées qui ont participé de près ou de loin à l'élaboration de la Ferme. Pour plus de clarté, elles sont classées en typologie d'acteurs.

Réhabail, union d'économie sociale (UES), maîtrise d'ouvrage d'insertion de la Ferme du rail, a été créé en 1993 pour répondre aux problématiques de logement des publics de quatre associations d'insertion. Ses représentants sont Fréderic Lauprêtre, notamment sur la recherche de fonds, et Fabienne Landeroin sur le suivi financier et opérationnel durant la phase de chantier.

Exploitants

Chacun des exploitants verse un loyer à Réhabail, proportionnel aux surfaces dévolues à son activité.

Travail et Vie, entreprise d'insertion créée en 1981, propose des services de maraîchage, de compostage sur le site de la Ferme et, sur des sites tiers, des travaux de création et d'entretien paysager, de curage et de déconstruction de bâtiments, de gestion de chantier zéro déchet, de petite maçonnerie, de peinture et de blanchisserie. www.travailetvie.org

Atoll 75, association, accompagne par l'aide socio-éducative et par l'hébergement des personnes en grandes difficultés sociales, le plus couramment issues de la rue. Elle gère le centre d'hébergement (CHRS) de la Ferme du Rail mais également d'autres hébergements.

Bail Pour Tous, association, permet et facilite l'accession à un logement choisi et décent aux personnes en difficulté. À la Ferme du Rail, elle est en charge de la gestion locative et du suivi de l'implication dans la vie de la Ferme des étudiants recrutés sur critères sociaux. Les étudiants sont issus de deux écoles publiques partenaires, l'École d'horticulture de la Ville de Paris dite "du Breuil" et l'École des ingénieurs de la Ville de Paris (EIVP). Ces établissements forment pour les services de la Ville respectivement les futurs jardiniers et les ingénieurs en charge de l'aménagement urbain et des constructions.

Le Passage à niveau gère le restaurant de la Ferme. Ses gérants tenaient anciennement le bar du quartier nommé le *61*, situé rue de l'Ourcq de l'autre côté du canal, et qui est encore le lieu de référence des reporters de guerre.

Maîtres d'œuvre

Sont ainsi nommés les architectes et ingénieurs qui composent l'équipe de conception d'une opération et plus précisément ici des jardins et des bâtiments. Ils ont été réunis par les membres de la Scop Grand Huit.

Grand Huit, coopérative d'architecture, compte parmi ses membres Julia Turpin et Marine Kerboua, architectes, Clara et Philippe Simay, auteurs du présent ouvrage. Grand Huit a imaginé avec les exploitants la programmation de la Ferme, en a fédéré l'écosystème et en a conçu les bâtiments en étroite collaboration avec Mélanie Drevet, paysagiste, et les bureaux d'études.
www.grandhuit.eu

Frédéric Cousin, membre de la coopérative Toerana, maître d'œuvre en écoconstruction et rénovation, a accompagné et conseillé les architectes dans l'écoconception et la mise en œuvre de l'enveloppe du bâtiment et notamment de la construction en bottes de paille.
www.toreana-habitat.fr

Julien Virgili, ingénieur tous corps d'état et économiste, alors pour le compte de Scoping, s'est chargé du chiffrage de l'opération et des prescriptions techniques et structurelles. Il exerce depuis pour son propre compte.

Pouget Consultants, ingénieur thermicien, a donné les prescriptions bioclimatiques avec les architectes et a conçu la stratégie énergétique.
www.pouget-consultants.eu

Albert et Compagnie, coopérative d'ingénieurs en écoconstruction, a accompagné Réhabail dans la gestion du projet et la certification des bâtiments de logement mais aussi dans le pilotage et la coordination du chantier.
www.albert-and-co.fr

Dépollution Conseil, bureau d'études, a mis au point la stratégie de dépollution des sols de la parcelle aux hydrocarbures.
www.depollution-conseil.fr

Gamba, groupe d'ingénieurs acousticiens, a accompagné les architectes sur la conception acoustique du bâtiment de logement.
www.gamba.fr

Bellastock, coopérative multifacette œuvrant pour le réemploi des matériaux et l'écoconstruction, a contribué à la réflexion sur la mise en œuvre de matériaux de seconde vie sur le projet.
www.bellastock.com

Maîtres d'œuvre des jardins

Mélanie Drevet, paysagiste conceptrice et ingénieure, a conçu les jardins et leurs aménagements, en dialogue avec Olivier Allard, Jard2000 et Philippe Peiger. Elle en a conçu l'organisation et l'écoconception.
www.melaniedrevet-paysage.eu

Philippe Peiger, agroécologue urbain, a plus spécifiquement conçu les programmes de culture qui ont par la suite structuré la production maraîchère de Travail et Vie.

Philippe a disparu brutalement en 2021. Ses travaux, ses publications et son engagement militant ont été décisifs du point de vue technique et législatif pour faire avancer la question de l'agriculture en ville, sa végétalisation et sa biodiversité, notamment en toiture[1].

Les entreprises de travaux

Ici sont décrits les ouvrages réalisés par chacune des entreprises.

Travail et Vie, entreprise d'insertion, et **Jard2000**, entreprise paysagiste – aménagement des jardins, mise en culture et entretien des surfaces de production.

ApijBat, coopérative d'insertion – isolation en botte de paille, étanchéité à l'air, bardage en bois, couverture et cloisonnement intérieur.

Loï, entreprise de gros œuvre – fondation, maçonnerie, voirie et raccordement.

Faure, entreprise – fenêtres et portes-fenêtres en bois des façades.

SME, entreprise – électricité et courant faible.

Helio, entreprise – chaufferie bois et son réseau, plomberie, ventilation.

Vaninetti, entreprise – charpente et ossature en bois des bâtiments.

Général Métal Edition, entreprise – serrurerie métallique, garde-corps, escaliers et clôtures.

CMF, entreprise – serre froide de production, parois et système de ventilation assistée.

Comec, coopérative – agencement bois intérieur.

Canonne, entreprise – revêtements de sols carrelés, faïences de réemploi et linoléum.

Atelier R-are, association – jardinières et parquet en bois de bout en montant de fenêtres de réemploi.

Menuiserie circulaire, association – armoires en bois des résidents en réemploi.

Autres acteurs du chantier

Thierry Despagne, coordinateur prévention, sécurité et santé du chantier.

BTP Consultants, contrôleur technique.

Amis et partenaires du projet

Marché sur l'Eau, association, vend et transporte par bateau en ville les légumes de producteurs maraîchers franciliens. Elle a collaboré à la logistique de traitement des déchets organiques collectés par la Ferme dans la première phase du projet.
www.marchesurleau.com

Jardizneuf, collectif fédérant l'ensemble des membres des jardins partagés citoyens du 19e arrondissement. C'est un partenaire des premiers jours de la Ferme qui est devenue un lieu de ressource pour ses jardins.

L'École du compost, organisme de formation francilien de maître composteur au service de toute structure publique ou privée souhaitant mettre en place un dispositif de valorisation de déchets organiques. Elle a formé les salariés de Travail et Vie au compostage manuel.
www.ecoleducompost.com

Les Alchimistes, entreprise solidaire déployée à l'échelle nationale dont le métier est la collecte, le tri et le compostage locaux de déchets organiques. Ils ont fourni et accompagné la mise en route du composteur électromécanique géré au quotidien par les équipes de Travail et Vie.
www.alchimistes.co

NOTES

CHAPITRE 1 – Travailler au plus proche (pages 21 à 40)

1. Isabelle Backouche, "Mesurer le changement urbain à la périphérie parisienne : les usages du Bassin de la Villette au XIXe siècle", *Histoire & Mesure*, vol. XXV, n° 1, 2010.

2. www.apur.org/dataviz/offre-logement-social/

3. www.cafezoide.asso.fr

4. La loi Hamon de 2014 tente de définir les contours de ce secteur foisonnant, représentant alors 11 % de l'emploi salarié en France. Au-delà de la diversité des structures (publiques ou privées, très subventionnées ou plus proches du modèle entrepreneurial) et des champs d'action (commerce équitable, lutte contre l'exclusion, consommation durable, épargne solidaire...), elles ont en commun la défense de l'intérêt général, une gouvernance démocratique, une quête de profits limités (bénéfice systématiquement réinvesti dans le projet collectif) – à rebours du modèle capitalistique et venant en partie pallier le recul de l'engagement étatique dans certains domaines et la défaillance du système de redistribution.

5. Patrick Bouchain, *Construire autrement*, Arles, Actes Sud, "L'Impensé", 2006, p. 19.

6. Andrea Oppenheimer Dean et Timothy Hursley, *Rural Studio. Samuel Mockbee and an Architecture of Decency*, New York, Princeton Architectural Press, 2002.

7. Cité *in* Andrea Oppenheimer Dean, *Proceed and Be Bold. Rural Studio after Samuel Mockbee*, New York, Princeton Architectural Press, 2005, p. 7.

CHAPITRE 2 – S'ouvrir au quartier (ou pourquoi une ferme low tech) (pages 41 à 54)

1. Jean-Paul Charvet et Xavier Laureau, *Révolution des agricultures urbaines. Des utopies aux réalités*, Paris, Éditions France agricole, 2018.

2. "En France neuf personnes sur dix vivent dans l'aire d'attraction d'une ville", *Insee Focus*, n° 211, 2020.

3. Sur l'essor des fermes high tech, voir Dickson D. Despommier, *The Vertical Farm. Feeding the World in the 21st Century*, New York, Picador, 2011.
4. Damien Durand, "Avec les fermes verticales, les géants du high tech japonais investissent dans l'agriculture", *Slate*, 2015, et www.tresor.economie.gouv.fr/Articles/1c63fc17-6acd-4b73-a6aa-091944d89caa/files/9ebd014a-3d76-41cc-947c-2f5ea41fdf2c
5. Jennifer Cockrall-King, *La Révolution de l'agriculture urbaine*, Montréal, Écosociété, 2017, p. 263-281. Philippe a également consacré un épisode de sa série *Habiter le monde* (Arte) aux *organoponicos* de La Havane.
6. "L'idée de nourrir les métropoles grâce aux ceintures vertes est une illusion !", entretien avec Sabine Barles, *Colibris Le Mag*, 2017.
7. www.reseaucocagne.asso.fr et https://terredeliens.org
8. Philippe Bihouix, *L'Âge des low tech. Vers une civilisation techniquement soutenable*, Paris, Seuil, 2014, p. 44-45.
9. Bill Mollison et David Holmgren, *Perma-culture 1. Une agriculture pérenne pour l'autosuffisance et les exploitations de toutes tailles*, Paris, Debard, 1978.
10. David Holmgren, *Permaculture. Principes et pistes d'action pour un mode de vie soutenable*, Paris, Rue de l'échiquier, 2017.

CHAPITRE 3 – Solidarites agricoles (pages 55 à 70)
1. Kirkpatrick Sale, *L'Art d'habiter la terre. La vision biorégionale*, Marseille, Wildproject, 2020, p. 77.
2. Sur le biorégionalisme, voir entre autres Mathias Rollot, *Les Territoires du vivant. Un manifeste biorégionaliste*, Paris, Éditions Les Pérégrines, 2018, et Marin Schaffner, Mathias Rollot et François Guerroué (éd.), *Les Veines de la terre. Une anthologie des bassins-versants*, Marseille, Wildproject, 2021. Pour une approche plus métropolitaine, Alberto Magnaghi, *La Biorégion urbaine. Petit traité sur le territoire bien commun*, Paris, Etérotopia, 2014, et Agnès Sinaï, Yves Cochet et Benoît Thévard, *Le Grand Paris après l'effondrement. Pistes pour une Île-de-France biorégionale*, Marseille, Wildproject, 2020.
3. Voir sur ce point l'analyse particulièrement stimulante que propose le philosophe Sébastien Marot dans *Taking the Country's Side. Agriculture and Architecture*, Barcelone, Poligrafia, 2020.

CHAPITRE 4 – Pour des villes productives (pages 71 à 88)

1. Sabine Barles, "Écologie territoriale et métabolisme urbain : quelques enjeux de la transition socioécologique", *Revue d'économie régionale & urbaine*, décembre 2017/5, p. 819-836.

2. Murray Bookchin, *L'Écologie sociale. Penser la liberté au-delà de l'humain*, Marseille, Wildproject, 2020, p. 12.

3. Lettre encyclique *Laudato Si'* du Saint-Père François, *Sur la sauvegarde de la maison commune* (www.vatican.va/content/francesco/fr/encyclicals/documents/papa-francesco_20150524_enciclica-laudato-si.html).

4. Michel Lallement, *L'Âge du faire. Hacking, travail, anarchie*, Paris, Seuil, 2015.

5. www.lemonde.fr/blog/fredericjoignot/2013/04/02/976/

6. Sur les liens entre les *makers* et le mouvement Arts and Craft, voir Isabelle Berrebi-Hoffmann, Marie-Christine Bureau et Michel Lallement, *Makers. Enquête sur les laboratoires du changement social*, Paris, Seuil, 2018.

7. Matthew B. Crawford, *Éloge du carburateur. Essai sur le sens et la valeur du travail*, Paris, La Découverte, 2010, p. 17.

8. "Les cols blancs sont eux aussi victimes de la routinisation et de la dégradation de leurs tâches et ce en fonction d'une logique similaire à celle qui a commencé à affecter le travail manuel il y a un siècle. La part cognitive de ces tâches est « expropriée » par le management, systématisée sous forme de procédures abstraites, puis réinjectée dans le procès de travail pour être confiée à une nouvelle couche d'employés moins qualifiés", *ibid.*, p. 55.

9. David Graeber, *Bullshit Jobs*, Paris, Les Liens qui libèrent, 2018.

10. *Reprendre la terre aux machines. L'Atelier Paysan. Manifeste pour une autonomie paysanne et alimentaire*, Paris, Seuil, 2021.

11. Philippe Simay, *Habiter le monde*, Arles, Actes Sud, 2019, p. 42-56.

CHAPITRE 5 – Trouver sa place (pages 89 à 111)

1. Emmanuelle Rozier, *La Clinique de La Borde ou les relations qui soignent. Outils philosophiques pour comprendre le collectif*, Paris, Érès, 2014.

2. Patrick Bouchain (dir.), *Pas de toit sans toi. Réinventer l'habitat social*, Arles, Actes Sud, 2016.

3. Sur la permanence de Sophie Ricard, voir le beau film de Jacques Kebadian, *Construire ensemble la rue Auguste Delacroix*, Nonox Productions, 2013.
4. Martin Heidegger, "La question de la technique", *Essais et conférences*, Paris, Gallimard, "Tel", 1958, p. 20.
5. Joan Tronto, *Un monde vulnérable. Pour une politique du care*, Paris, La Découverte, 2009, p. 13 et 143.
6. Joan Tronto "Caring Architecture", *in* Angelika Fitz and Elke Krasky (éd.), *Critical Care, Architecture and Urbanism for a Broken Planet*, Cambridge, MIT Press, 2020, p. 28.
7. Bruno Latour, "Why Has Critique Run Out of Steam? From Matters of Fact to Matters of Concern", *Critical Inquiry*, vol. 30, n° 2, p. 25-248, Winter 2004.
8. On se reportera aux belles analyses de Thierry Paquot dans *Demeure terrestre. Enquête vagabonde sur l'habiter*, Paris, Éditions Terre urbaine, 2020. Voir également Thierry Paquot, Michel Lussault et Chris Younès, *Habiter, le propre de l'humain. Villes, territoire et philosophie*, Paris, La Découverte, 2007.
9. Marielle Macé, *Nos cabanes*, Paris, Verdier, 2019, p. 29.

CHAPITRE 6 – Compter autrement (pages 112 à 128)

1. L'article 55 de la loi Solidarité et renouvellement urbains (SRU) institue une obligation aux communes au sein d'agglomération et de plus de 3 500 habitants de se doter d'au moins 20 % de logements sociaux, par rapport aux résidences principales, dans un délai de vingt ans. Le dernier bilan 2017-2019 montre que seule une commune sur deux remplissait les objectifs en quantité comme en qualité.
2. https://lesgrandsvoisins.org
3. www.fondation-abbe-pierre.fr/actualites/26e-rapport-sur-letat-du-mal-logement-en-france-2021
4. Rapport 2019 de l'Observatoire de la construction neuve, www.codifab.fr/actions-collectives/bois/observatoire-de-la-construction-neuve-2018-2327
5. Michael Braungart et William McDonough, *Cradle to Cradle : créer et recycler à l'infini*, Paris, Éditions Alternatives, 2011.

6. Voir notamment Dominique Méda, *Qu'est-ce que la richesse ?*, Paris, Aubier, 1999 ; *Au-delà du PIB. Pour une autre mesure de la richesse*, Paris, Flammarion, 2008.
7. Jean Gadrey, *Adieu à la croissance. Bien vivre dans un monde solidaire*, Paris, Les petits matins-Alternatives économiques, 2010, p. 71.
8. C'est pourtant celle dans laquelle se trouve prise l'action sociale qui doit rendre des comptes pour l'attribution ou le renouvellement des subventions du nombre de personnes hébergées, de repas servis. Des marqueurs quantitatifs qui portent sur le court terme alors que la prise en charge des personnes les plus vulnérables s'exerce sur le temps long.

CHAPITRE 7 – Faire avec les délaissés (pages 129 à 146)
1. *Déchets des travaux publics*, Fiche technique Ademe, 2017.
2. Anna Bednik, *Extractivisme. Exploitation industrielle de la nature : logiques, conséquences, résistances*, Paris, Le Passager clandestin, 2016.
3. Nicolas Fiévé et Xavier Guillot, "Dépasser l'exploitabilité de la ressource en architecture : un défi politique, anthropologique et philosophique", *Les Cahiers de la recherche architecturale urbaine et paysagère*, n° 11, 2021, p. 1.
4. Dominique Gauzin-Müller, *L'Architecture écologique*, Paris, Le Moniteur, 2001 ; Jean-Claude Mengoni, *La Construction écologique. Matériaux et techniques*, Mens, Terre Vivante, 2011.
5. John Baird Callicott, *Éthique de la terre*, Marseille, Wildproject, 2010, p. 39.
6. On désigne par "réemploi" toute opération par laquelle des substances, des matières ou des produits destinés à devenir des déchets sont utilisés de nouveau pour un usage identique à celui pour lequel ils avaient été conçus. On nomme "réutilisation" toute opération par laquelle des déchets sont transformés pour être valorisés de nouveau dans une nouvelle destination.
7. Baptiste Monsaingeon, *Homo detritus. Critique de la société du déchet*, Paris, Seuil, 2017.
8. Clara Simay et Philippe Simay, "L'école du réemploi : pour un Green New Deal de la construction", *Métropolitiques*, www.metropolitiques.eu, juin 2020 ; Philippe Simay, "Le réemploi comme ressource première", *Les Cahiers de la recherche architecturale urbaine et paysagère*, n° 11, 2021.

9. Thorstein Veblen, *Théorie de la classe de loisir*, Paris, Gallimard, "Tel", 1979.
10. Sur l'histoire et les enjeux contemporains du réemploi, voir notamment Jean-Marc Huygen, *La Poubelle et l'architecte. Vers le réemploi des matériaux*, Arles, Actes Sud, 2008 ; Encore Heureux, *Matière grise*, Paris, Éditions du Pavillon de l'Arsenal, 2014 ; Rotor, *Déconstruction et réemploi. Comment faire circuler les matériaux de construction*, PPUR, 2018.
11. Clara Simay et Philippe Simay, "L'école du réemploi : pour un Green New Deal de la construction", art. cit.
12. La défense du vernaculaire, face à la standardisation architecturale, est à l'origine de la série et du livre de Philippe, *Habiter le monde* (Arte/Actes Sud). Les ouvrages de référence sur la question sont ceux de Bernard Rudofsky, *Architecture Without Architects: A Short Introduction to Non-Pedigreed Architecture*, New York, Museum of Modern Art, 1964, et Pierre Frey, *Learning from Vernacular : pour une nouvelle architecture vernaculaire*, Arles, Actes Sud, 2010.

CHAPITRE 8 – **Réhabiliter le chantier (pages 147 à 164)**

1. Philippe Simay, *Habiter le monde, op. cit.*, p. 56 et suiv.
2. Nicolas Jounin, *Chantier interdit au public. Enquête parmi les travailleurs du bâtiment*, Paris, La Découverte, 2008.
3. Florence de Mèredieu, *Histoire matérielle et immatérielle de l'art moderne*, Paris, Larousse, 1994.
4. Pierre Bernard, "Le chantier", *Criticat*, n° 2, 2008. https://pierrebernard-architectes.com/wp-content/uploads/2019/07/22.pdf
5. Renzo Piano, *Chantier ouvert au public*, Paris, Arthaud, 2008.
6. Tim Ingold, *Faire. Anthropologie, archéologie et architecture*, Bellevaux, Éditions Dehors, 2017, p. 60.
7. Comme en témoigne Arthur Lochmann, devenu apprenti charpentier après avoir délaissé ses études de droit et de philosophie, "contrairement à l'acier ou au béton, le bois est un matériau vivant, résultat d'un processus naturel, et dont on ne peut tirer le meilleur qu'à condition de bien le comprendre", *La Vie solide. La charpente comme éthique du faire*, Paris, Payot, 2019, p. 22.

8. Richard Sennett, *Ce que sait la main. La culture de l'artisanat*, trad. Pierre-Emmanuel Dauzat, Paris, Albin Michel, 2010, p. 239.
9. Pierre Bernard, "Le chantier", art. cit.

CHAPITRE 9 – Construire avec le vivant (pages 165 à 182)
1. Robert Harrison, *Forêts. Essai sur l'imaginaire occidental*, Paris, Flammarion, [1999] 2010.
2. "Étude des services écologiques rendus par la Petite ceinture ferroviaire de Paris. Biodiversité et continuité écologique", document émis par la Direction des espaces verts et de l'environnement de la Mairie de Paris, 29 mars 2017.
3. L'association Halage est chargée par la SCNF, propriétaire des voies, d'un entretien sommaire mais sans travail horticole.
4. https://alchimistes.co et www.ecoleducompost.fr
5. La ferme du Bec Hellouin est un bel exemple français de permaculture. Perrine et Charles Hervé-Gruyer, *Permaculture. Guérir la terre, nourrir les hommes*, Arles, Actes Sud, 2017.
6. Pour une analyse de la dimension éthique et politique de la permaculture, on se reportera aux précieuses analyses de Laura Centemeri dans *La Permaculture ou l'Art de réhabiter*, Versailles, Éditions Quæ, 2019.
7. Maria Puig de la Bellacasa, *Matters of Care: Speculative Ethics in a More Than Human Word*, Londres, University of Minnesota Press, 2017, et Anna Lowenhaupt Tsing, *Le Champignon de la fin du monde. Sur la possibilité de vivre dans les ruines du capitalisme*, Paris, Les Empêcheurs de penser en rond, 2017.
8. Gilles Clément, *Manifeste du tiers paysage*, Paris, Sens & Tonka, [2004] 2014, et *Le Jardin planétaire. Réconcilier l'homme et la nature*, Paris, Albin Michel, 1999.
9. www.frugalite.org/fr/le-manifeste.html. On se reportera également au dernier livre très enthousiasmant de Philippe Madec, *Mieux avec moins. Architecture et frugalité pour la paix*, Éditions Terre urbaine, 2021.
10. Hannah Arendt, *Condition de l'homme moderne*, Paris, Pocket, "Agora", 1983, p. 206.

11. "Pour peu qu'on l'ait abattu, scié, fendu et transporté soi-même, en laissant son esprit travailler en même temps, on se souviendra longtemps d'où vient la chaleur, avec une profusion de détails qu'ignoreront toujours ceux qui passent le week-end en ville près d'un radiateur", Aldo Leopold, *Almanach d'un comté des sables*, GF, [1949] 2000, p. 23.
12. Philippe Simay, "Le réemploi comme ressource première", *Les Cahiers de la recherche architecturale urbaine et paysagère* [En ligne], 11, 2021.
13. Pour envisager les luttes écologiques sans les segmenter, on peut se reporter au livre de Léna Balaud et Antoine Chopot, *Nous ne sommes pas seuls. Politiques des soulèvements terrestres*, Paris, Éditions du Seuil, 2021.
14. Relisons à ce titre le texte lumineux et pénétrant d'Ivan Illich, *H_2O. Les eaux de l'oubli*, Paris, Éditions Terre urbaine, 2020.
15. Val Plumwood, *Réanimer la nature*, Paris, PUF, 2020.
16. Baptiste Morizot, *Manières d'être vivant. Enquêtes sur la vie à travers nous*, Arles, Actes Sud, 2020, p. 16.
17. Voir également *Les Diplomates. Cohabiter avec les loups sur une autre carte du vivant*, Marseille, Wildproject, 2016, et *Raviver les braises du vivant. Un front commun*, Arles, Actes Sud/Marseille, Wildproject, 2020.
18. Tamara Kotevska et Ljubomir Stefanov, *Honeyland*, 2020, KMBO.

Annexe (pages 183 à 188)

1. *Végétalisation biodiverse et biosolaire des toitures*, Philippe Peiger et Nathalie Baumann, Eyrolle, 2018.

REMERCIEMENTS

Ce livre n'aurait jamais vu le jour sans le soutien de nos éditeurs, Anne-Sylvie Bameule et Stéphane Durand, dont l'engagement, la grande disponibilité et les conseils nous ont permis de mener ce projet dans les meilleures conditions. Merci également à Baptiste Lanaspèze pour sa belle préface et les échanges stimulants que nous avons eus ensemble. Collaborer avec vous est une chance.

Nos pensées vont aux compagnons de route de cette folle aventure de la Ferme du Rail : Julia Turpin, Mélanie Drevet, Marine Kerboua, Fabienne Landeroin, Frédéric Lauprêtre et Yves Reynaud. Un immense merci pour votre amitié et pour nous avoir tant nourris.

Frédéric Bertrand et Noémie Staskiewicz ont relu le manuscrit de cet ouvrage. Leur regard, exigeant et bienveillant, nous a été très précieux. Merci d'avoir pu compter sur vous.

Nous tenons également à remercier Anna Jaggy pour ses illustrations qui donnent davantage de vie à notre récit.

Clotilde Meyer nous a accompagnés tout au long de l'élaboration de ce livre. Nos échanges ont permis de mettre en mots l'histoire de la Ferme. Nous lui exprimons toute notre gratitude.

Pour finir, une spéciale dédicace à Joska et Laszlo, nos enfants, qui partagent nos questionnements et nos projets. Votre soutien indéfectible est le plus précieux des cadeaux !

DU MÊME AUTEUR

Habiter le monde, Arte Éditions/Actes Sud, 2019.

CATALOGUE DU DOMAINE DU POSSIBLE

ÉDUCATION

Pourquoi j'ai créé une école où les enfants font ce qu'ils veulent, Ramïn Farhangi, 2018.

Guide du cerveau pour parents éclairés, Stéphanie Brillant, 2019.

Les Yeux dans les yeux, Sherry Turkle, 2020.

Dessine-moi un avenir, Rodrigo Arenas, Édouard Gaudot et Nathalie Laville, 2020.

ALIMENTATION

Ensemble pour mieux se nourrir, Frédéric Denhez et Alexis Jenni, 2021.

À la recherche du blé vivant, Roland Feuillas et Jean-Philippe de Tonnac, 2021.

AGRICULTURE ET PÊCHE

Pour une révolution dans la mer, Didier Gascuel, 2019.

L'agroécologie peut vous sauver, Marc Dufumier et Olivier Le Naire, 2019.

Qui nourrit réellement l'humanité ?, Vandana Shiva, 2020.

Une agriculture qui répare la planète, Vandana Shiva, André Leu et Jacques Caplat, 2021.

Vers la sobriété heureuse, Pierre Rabhi, 2021.

ÉCONOMIE, MANAGEMENT ET POLITIQUE

À mon allure, William Kriegel, 2018.

La Voie des paysans, Francisco Van Der Hoff Boersma, 2019.

Écolonomie 2 : la transformation créatrice, Emmanuel Druon, 2020.

Libérer son entreprise, Pierre-Yves Antras, 2021.

Reconstruire sur les ruines du capitalisme, George Monbiot, 2021.

Demain, une Europe agroécologique, Xavier Poux, Pierre-Marie Aubert, 2021.

ÉNERGIE

Dieselgate, Karima Delli, avec Xavier Maurel, 2019.

INITIATIVES DE LA SOCIÉTÉ CIVILE

Le Cercle vertueux, Nicolas Hulot et Vandana Shiva, entretiens avec Lionel Astruc, 2018.

Petit Manuel de résistance contemporaine, Cyril Dion, 2018.

Coffret manifeste et Plaidoyer pour la Terre, Pierre Rabhi et Sabah Rahmani, 2019.

Paroles des peuples racines, Sabah Rahmani, 2019.

Les Médias, le monde et nous, Anne-Sophie Novel, 2019.

François Sarano, réconcilier les hommes avec la vie sauvage, Coralie Schaub, 2020.

Imaginer le monde de demain, Gilles Vanderpooten, 2020.

Vers un numérique responsable, Vincent Courboulay, 2021.

L'Avenir de Terre-Patrie, collectif sous la direction d'Alfredo Pena Vega, 2021.

Passage délicat, Pierre Leroy, 2021.

Animal, Cyril Dion, 2021.

Pour une politique culturelle renouvelée, Bernard Latarjet et Jean-François Marguerin, 2022.

2030 Glorieuses, Julien Vidal, 2022.

ÉCOLOGIE ET BIODIVERSITÉ

Drawdown. Comment inverser le cours du réchauffement planétaire, Paul Hawken, 2018.

Renaissance écologique, Julien Dossier, 2019.

Marseille ville sauvage, Baptiste Lanaspèze, 2020.

Raviver les braises du vivant, Baptiste Morizot, 2020.

Océan plastique, Nelly Pons, 2020.

MÉDECINE, NAISSANCE ET PRÉPARATION À L'ACCOUCHEMENT

Bougez, faites confiance à votre dos !, Marc Picard, 2018.

Artemisia. Une plante pour éradiquer le paludisme, Lucile Cornet-Vernet, avec Laurence Couquiaud, 2018.

L'Incroyable Pouvoir du souffle, Stéphanie Brillant, 2021.

Revivre, 12 étapes pour sortir de l'addiction, Philippe Cavaroz et Michel Henry, 2022.

Ouvrage réalisé par Nord Compo
Achevé d'imprimer en février 2022
par Normandie Roto Impression s.a.s. à Lonrai
pour le compte des éditions Actes Sud,
le Méjan, place Nina-Berberova,
13200 Arles

Dépôt légal : mars 2022
N° d'impression : 2106907
(Imprimé en France)